Google y sus aplicaciones. IFCM007PO

Miriam Barberá Luque

ic editorial

Google y sus aplicaciones. IFCM007PO
© Miriam Barberá Luque
© de la imagen de cubiertas: Koshiro K / shutterstock.com

1ª Edición

© IC Editorial, 2024

Editado por: IC Editorial
c/ Cueva de Viera, 2, Local 3
Centro Negocios CADI
29200 Antequera (Málaga)
Teléfono: 952 70 60 04
Fax: 952 84 55 03
Correo electrónico: iceditorial@iceditorial.com
Internet: www.iceditorial.com

ISBN: 978-84-1184-390-4
Depósito Legal: MA 2246-2024

Impresión: PODiPrint
Impreso en Andalucía – España

Nota de la editorial: IC Editorial pertenece a Innovación y Cualificación S. L.

Especialidad formativa

Se entiende por especialidad formativa la agrupación de contenidos, competencias profesionales y especificaciones técnicas que responde a un conjunto de actividades de trabajo enmarcadas en una fase del proceso de producción y con funciones afines.

Las especialidades formativas de Uso General, Formación Complementaria, Formación Modular y las especialidades formativas dirigidas a la obtención de certificados de profesionalidad se incluyen en el Fichero de Especialidades del Servicio Público de Empleo Estatal para su gestión en todo el territorio nacional por cualquier Administración competente.

Las especialidades complementarias, pertenecen todas a la Familia profesional de Formación Complementaria (FCO) y tienen la consideración de formación transversal en áreas que se consideran prioritarias tanto en el marco de la Estrategia Europea para el Empleo y del Sistema Nacional de Empleo como en las directrices establecidas por la Unión Europea. Se consideran áreas prioritarias las relativas a tecnologías de la información y la comunicación, la prevención de riesgos laborales, la sensibilización en medio ambiente, la promoción de la igualdad, la orientación profesional y aquellas otras que se establezcan por la Administración competente.

Las especialidades de Certificado de profesionalidad tienen una duración especificada en su normativa reguladora.

En el resultado de la búsqueda, se muestran las unidades de competencia, todos los módulos formativos con su duración y las unidades formativas del certificado correspondiente, con su duración. Las horas del certificado, exclusivo de las especialidades de certificado de profesionalidad, con alta igual o superior a 2008, son las horas totales más las horas del módulo de Prácticas Profesionales no Laborales.

➲ **Si la especialidad tiene unidades formativas,** las horas totales, presencial, distancia, teleformación serán igual a la suma de esas horas de las unidades formativas de los distintos módulos, sin que se repita ninguna Unidad formativa.

⊃ **Si la especialidad no tiene unidades formativas,** las horas totales, presencial, distancia, teleformación serán igual a las sumas de esas horas de los módulos formativos, eliminando las horas de los módulos repetidos.

https://sede.sepe.gob.es/especialidadesformativas/RXBuscadorEFRED/BusquedaEspecialidades.do

(Fuente: Servicio Público de Empleo Estatal)

Índice

Unidad de aprendizaje 5
Control y configuración para evitar *spam,* virus, etc.

Unidad de aprendizaje 6
Gestión de la agenda y contactos

Unidad de aprendizaje 7
Métodos de filtrado, contestación, archivo o eliminación

Unidad de aprendizaje 8
Métodos de organización eficaz

OBJETIVOS GENERALES

Los objetivos generales del **IFCM007PO: Google y sus aplicaciones** son los siguientes:

- ⮂ Manejar las aplicaciones básicas que proporciona *Google.*
- ⮂ Definir la comunicación en internet.
- ⮂ Presentar las aplicaciones de *Google* que permiten gestionar las comunicaciones.
- ⮂ Descubrir el funcionamiento del correo electrónico de *Google.*
- ⮂ Configurar la apariencia básica de *Gmail.*
- ⮂ Configurar la cuenta de *Gmail* para evitar virus y *spam.*
- ⮂ Descubrir las opciones de *Google* para gestionar los contactos.
- ⮂ Gestionar los correos electrónicos en la bandeja de entrada de *Gmail.*
- ⮂ Conocer los métodos más eficaces de organización de la bandeja de entrada de *Gmail.*
- ⮂ Configurar *Gmail* para un uso profesional del correo electrónico.
- ⮂ Optimizar el tiempo dedicado al uso del correo electrónico.
- ⮂ Conocer las aplicaciones de *Google* para la gestión de comunicaciones.

La comunicación en internet

Contenido

Objetivos

El objetivo general de esta Unidad de Aprendizaje es:

→ Definir la comunicación en internet.

Los objetivos específicos de esta Unidad de Aprendizaje son:

→ Sintetizar el desarrollo de internet y de la web.

→ Determinar el nacimiento de *Google*.

→ Identificar la relación de *Google* con la comunicación en internet.

1. Introducción

La llegada de internet fue planeada, en principio, para meros fines militares. Pero tales fueron las posibilidades que este ofrecía que, más adelante, se desarrolló para ser instaurado también en la sociedad.

Así, se convirtió en una de las herramientas más poderosas para guardar y difundir información, llegando a ser incluso un **gran medio de comunicación.** Internet, desde su creación, ha sufrido una serie de evoluciones, adaptándose tanto a la sociedad del momento y a sus necesidades como a los avances tecnológicos e informáticos que lo acompañaban.

Junto al nacimiento de internet, se debe hablar también de la presencia de **Google,** el mayor buscador que existe actualmente. Pero no solo eso, sino que también este evolucionó de tal manera que dispone de diversas herramientas y aplicaciones para mejorar la comunicación entre usuarios.

Desde el correo electrónico hasta el editor de texto, pasando por su plataforma de blogs, *Google* es el mejor aliado hoy en día para gestionar las comunicaciones en internet.

Para ello, nos centraremos en el caso de Brave Communication, una agencia de comunicación que ha decidido mejorar las comunicaciones internas, así como las comunicaciones con sus clientes.

2. Introducción a *Google* como espacio común para la gestión de las comunicaciones

👉 **HILO CONDUCTOR**

Brave Communication es una empresa de comunicación que lleva años trabajando. Debido a un aumento de la plantilla, la directora ha decidido impartir un curso de formación a sus trabajadores para mejorar las comunicaciones internas y externas. Este curso está orientado a la optimización del uso de *Google* y todas sus herramientas, por lo que al principio se dan a los trabajadores nociones sobre los inicios de internet y sus características.

Internet es la herramienta que, actualmente, permite la utilización de *Google,* así como todas sus posibilidades de comunicación. Pero para entender el auge de *Google* es imprescindible conocer primero cómo nació internet y cómo se convirtió en el medio preferido para la transmisión de información y de comunicaciones.

SABÍAS QUE...

Actualmente, hay 5.160 millones de usuarios en todo el mundo que utilizan internet.

2.1. Historia de internet

Internet, tal y como lo conocemos actualmente, nació en los años sesenta, en pleno contexto de la Guerra Fría. Así, se creó como una herramienta cuyo objetivo era **favorecer y garantizar las comunicaciones estatales** por si había amenaza nuclear. De este modo, internet nació de la mano de la asociación ARPA (Red de la Agencia de Proyectos de Investigación Avanzada), que se encargaba de desarrollar tecnologías con fines militares.

NOTA

La Guerra Fría fue un conflicto que surgió tras la Segunda Guerra Mundial, en el que se enfrentaron el bloque comunista (Unión Soviética) y el bloque capitalista (Estados Unidos).

Tras varios años de investigación, fue finalmente en **1965** cuando un ordenador ubicado al este de Estados Unidos consiguió enlazarse con otro, situado en el extremo del país. Más adelante, **en el año 1969 se creó ARPAnet,** una red informática que sirvió para conectar varias universidades norteamericanas.

2.2. Evolución de internet

A pesar de que inicialmente internet se creó con fines militares, tales fueron su impacto y sus posibilidades, que evolucionó con rapidez para convertirse en lo que conocemos actualmente.

NOTA

Además del fin militar, el primer uso que se le dio a internet cuando este evolucionó fue el comercial.

En los años setenta, se investigó sobre diversos protocolos de comunicación hasta que se estableció en 1983 el protocolo definitivo **TCP/IP,** el cual convirtió internet en una potente herramienta, favoreciendo así su expansión alrededor del mundo.

IMPORTANTE

1983 es la fecha señalada como el nacimiento de internet.

Al principio, tras la implantación de este nuevo protocolo, la red se utilizaba para almacenar información e intercambiar *e-mails,* lo que provocó que la cantidad de usuarios conectados fuera creciendo de manera significativa.

Fue entonces cuando, **en 1989, Tim Berners-Lee creó el conocido HTML,** un *software* que permitía visualizar la información a través del hipertexto. Este nuevo lenguaje posibilitaba la incrustación de objetos, imágenes y vídeos en la red.

NOTA

Junto a la implantación del HTML, también aparecieron la URL o el HTTP.

Todo ello supuso, definitivamente, el nacimiento de la *World Wide Web* (WWW). Es esto lo que aumentó, todavía más, la expansión de internet y sus múltiples usos. Desde entonces, la web ha evolucionado desde un uso comercial hasta ser una poderosa herramienta de comunicación e incluso de divulgación.

Con todo, internet ha evolucionado de lo que se conoció como web 1.0, a lo que se llama actualmente web 3.0, pasando previamente por la web 2.0.

Web 1.0

- La **web 1.0** fue la web primitiva, la que sentó las bases de internet. Esta se caracterizaba por ser unidireccional y estar fundamentada en contenidos estáticos. Aquí solo había contenido en texto que no podía actualizarse con facilidad. Para ello, había que eliminar el contenido de internet, que un *webmaster* lo modificara y se volviera a subir a la web.
- Así, esta web tenía un carácter divulgativo, por lo que principalmente solo se podía encontrar un contenido cultural. Aunque cabe destacar que los contenidos que se subían a la web 1.0 se quedaban anticuados rápidamente, por lo que cuando las empresas empezaron a formar parte de internet y a crear sus propias páginas de empresa, este modelo de web ya no era factible.

Continúa en página siguiente >>

<< Viene de página anterior

Web 2.0

- Cuando la web 1.0 dejó de ser práctica, nació lo que se conoce como **web 2.0**, siendo esta la web interactiva y colaborativa. Aquí ya se disponen de mejores herramientas tanto para el desarrollo web como para la conexión a internet como tal. Del mismo modo, nacen las conocidas redes sociales, que hacen mucho más partícipes a todos los usuarios.

Web 3.0

- De un tiempo a esta parte, se habla ya de la **web 3.0**, la web semántica. Esta web se caracteriza por ser la web de la nube, de las aplicaciones y del multidispositivo. Es decir, es posible acceder a ella no solo desde ordenadores, sino también desde teléfonos móviles o tabletas, entre otros medios.

NOTA

La web 3.0 es sinónimo de web inteligente y su objetivo es aprovechar la nube para ofrecer mejores y más cómodos servicios al usuario.

- -

APLICACIÓN PRÁCTICA

Ariadna es una joven emprendedora que ha creado su propia marca de ropa. Para vender sus prendas, decidió crear una página web, por lo que contrató a un programador experto para que la hiciera. Pasado un tiempo, Ariadna quiere añadir nuevos productos a la web, pero asegura que, para ello, necesita hablar con su programador para que este sea quien incluya esos productos y vuelva a subir la web a internet. ¿Está en lo cierto?

Continúa en página siguiente >>

<< Viene de página anterior

Solución

Los contenidos debían ser modificados por el *webmaster* para volver a ser subidos de nuevo a la red en la web 1.0. Desde la llegada de la web 2.0 y la web 3.0 esto ya no es necesario; es más, el contenido de las páginas web se actualiza de manera instantánea en el momento que se guardan los cambios.

---

3. *Google*

 HILO CONDUCTOR

El curso de formación sigue adentrándose en *Google* y la relación de este con internet. ¿Por qué les será útil trabajar con *Google?* ¿Por qué ayudará a las comunicaciones tanto internas como externas?

El auge de internet propició que se crearan herramientas para poder navegar de manera fácil y rápida, así como para poder tener acceso de manera ordenada a toda la amalgama de información que se encontraba en la red.

Fue así como en el año **1998** nació lo que actualmente conocemos como *Google,* de la mano de dos compañeros de universidad, Larry Page y Sergey Brin.

 SABÍAS QUE...

La primera versión de *Google* se llamaba BackRub y el objetivo de su creación fue conseguir información relevante a partir de una importante cantidad de datos.

 **VÍDEO**

Puedes conocer la historia de *Google* de manera rápida y dinámica visualizando el siguiente vídeo. Entenderás el porqué de su importancia en la era de internet.

https://redirectoronline.com/ifcm007po0103

De esta manera, *Google* empezó a crecer y empezó a ofrecer una serie de **servicios y herramientas muy útiles para la comunicación.** En este sentido, no solo se instauraba como un mero buscador, sino que se convertía en un conglomerado de acciones relacionadas con la informática.

De este modo, creó uno de los correos electrónicos más famosos y utilizados, *Gmail,* y otras aplicaciones útiles para favorecer el trabajo y la comunicación entre usuarios, desde la creación de documentos a la posibilidad de realizar videollamadas, soluciones para todas las necesidades comunicacionales en la era de internet.

 PARA SABER MÁS

Puedes conocer más datos sobre *Google* accediendo al último informe estadístico elaborado por Statista:

https://redirectoronline.com/ifcm007po0104

ACTIVIDAD COMPLEMENTARIA

1. Piensa en la primera vez o alguna de las primeras veces en la que utilizaste *Google* como medio para comunicarte. ¿Qué utilizaste? ¿Te sirvió? ¿Con quién te querías comunicar (un conocido, otro usuario de la red...)?

- -

TAREA 1

Roberto es propietario de una empresa dedicada a la automoción y fue uno de los pioneros en crear una página de empresa con la llegada de internet. Desde entonces, ha estado siempre presente en la red, evolucionando al igual que lo ha hecho internet. Ha actualizado contenidos, ha mejorado sus comunicaciones a través de internet, etc.

Deberás contar cómo ha favorecido la evolución de internet y de cada etapa, así como de *Google,* a la página de empresa de Roberto y a su negocio en particular. ¿Es cada vez más fácil actualizar sus contenidos? ¿Le permite esto interactuar con sus clientes u otros usuarios?

- -

4. Resumen

Internet, realmente, nació durante la Guerra Fría como elemento para favorecer las comunicaciones de las tropas, por lo que su fin inicial era militar. Pero, desde entonces, no paró de estudiarse y desarrollarse, llegando a ser tal y como lo conocemos hoy en día.

Se considera el nacimiento de internet con la llegada del HTML, la URL y, especialmente, la *World Wide Web* (WWW).

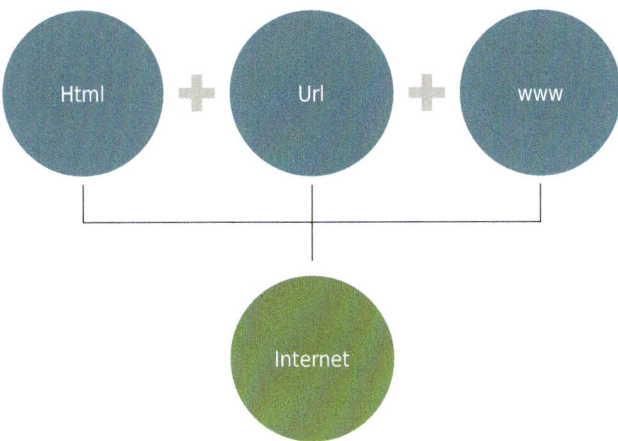

Pero internet no se ha mantenido siempre estático, sino que ha evolucionado a la par que la sociedad para poder ofrecer a todos sus usuarios una mayor comodidad en su utilización. Se puede decir que, hasta la fecha, internet en general y la web en particular han pasado por tres fases: desde una más rudimentaria y estática a una más dinámica y con contenidos en la nube.

Internet no se entiende sin *Google,* la herramienta más empleada por los usuarios para comunicarse con otros a través de la red.

Ejercicios de autoevaluación
Unidad de Aprendizaje 1

1. El conflicto en el que nació internet fue...

a. ... la Primera Guerra Mundial.
b. ... la Guerra Civil.
c. ... la Segunda Guerra Mundial.
d. ... la Guerra Fría.

2. Determina si la siguiente afirmación es verdadera o falsa: Internet nació de la mano de la asociación ARPA.

■ Verdadero
■ Falso

3. ARPAnet se creó en el año...

a. ... 1969.
b. ... 1993.
c. ... 1965.
d. ... 1943.

4. El protocolo definitivo que convirtió a internet en una potente herramienta de comunicación fue...

a. ... IP/TCP.
b. ... HTTP.
c. ... TCP/IP.
d. ... URL.

5. Se considera que la fecha oficial de internet es:

a. 1993
b. 2010
c. 1983
d. 1947

6. ¿Cómo se llama el creador de HTML?

    a. Tim Burton
    b. Tim Lee
    c. Tim Berners-Lee
    d. Jack Lee

7. Relaciona cada tipo de web con sus características:

    a. Web 1.0
    b. Web 2.0
    c. Web 3.0

    __ Primitiva
    __ Necesidad de *webmaster*
    __ Colaborativa
    __ Web en la nube
    __ Multidispositivo
    __ Redes sociales

8. La web sinónimo de web inteligente es:

    a. Web 1.0.
    b. Web 2.0.
    c. Web 3.0.
    d. Todas las opciones son incorrectas.

9. La primera versión de *Google* se llamaba:

    a. *RedBack*
    b. *TubRed*
    c. *BackRub*
    d. *Web Google*

10. El correo electrónico de *Google* tiene como nombre:

    a. *Gmail*
    b. *Hotmail*
    c. *Mail G*
    d. *Google Email*

Aplicaciones para gestión de las comunidades con *Google*

Contenido

Objetivos

El objetivo general de esta Unidad de Aprendizaje es:

→ Presentar las aplicaciones de *Google* que permiten gestionar las comunicaciones.

Los objetivos específicos de esta Unidad de Aprendizaje son:

→ Identificar aplicaciones propias de *Google*.

→ Detallar la función de *Gmail*.

→ Definir otras aplicaciones de comunicación como *Google Chat, Google Meet* y *Mensajes*.

1. Introducción

Google es uno de los protagonistas de la era de internet. Desde su implantación, ha conseguido desarrollarse e instaurarse en el mundo de la informática y la conexión en red para ofrecer a los millones de usuarios de internet **herramientas que les faciliten la navegación.**

Así, *Google* ha creado casi un imperio que abarca todas las necesidades comunicacionales que los usuarios pueden presentar en internet: desde chats personales a gestiones de grupos de trabajo.

Google Chat, Mensajes, *Google Meet* y *Gmail* son las cuatro grandes apuestas de *Google* para gestionar la comunicación en esta web 3.0. La primera está pensada especialmente para la gestión de los equipos de trabajo; la segunda, para enviar y recibir mensajes en el teléfono móvil; la tercera, para realizar videollamadas, y la última es la principal plataforma de correo electrónico.

Para el desarrollo del contenido, nos centraremos en el caso de Brave Communication, una agencia de comunicación que ha decidido mejorar las comunicaciones internas, así como las que mantienen con sus clientes.

2. Herramientas de comunicación de *Google*

☞ HILO CONDUCTOR

Siguiendo el curso de formación ofrecido para los trabajadores de Brave Communication, el formador ha comenzado a introducir las aplicaciones de *Google*. Así, para empezar a mejorar la gestión y comunicación de la empresa, les explica a los trabajadores las aplicaciones que tiene *Google* para gestionar las comunicaciones y cómo pueden aprovecharlas en sus puestos de trabajo.

- -

Google no solo destaca por ser un buscador, sino que también lo hace por haber desarrollado una gran cantidad de aplicaciones y herramientas para mejorar y favorecer la experiencia del usuario en internet.

De este modo, *Google* dispone de productos para buscar y explorar, para ver y reproducir contenido, para organización e incluso para hablar y enviar mensajes de texto, entre otros.

 PARA SABER MÁS

Puedes conocer todos los productos y dispositivos propios que ofrece *Google* accediendo a su propia página web:

https://redirectoronline.com/ifcm007po0202

De este modo, entre las herramientas de organización y gestión del trabajo, es interesante destacar las posibilidades que ofrece *Google* para la gestión de las comunicaciones. Desde que este fue creado, mejoró de manera considerable las posibilidades de comunicarse entre usuarios, pero es cierto que en todo este tiempo ha ido incorporando nuevas aplicaciones y herramientas.

Y es que *Google* presume de ser una vía muy útil para la comunicación: desde la comunicación con gente conocida a través de mensajes instantáneos a la comunicación con personas alrededor de todo el mundo.

NOTA

Las aplicaciones y herramientas de *Google* se emplean tanto a nivel personal como a nivel profesional.

Las **aplicaciones de *Google* para hablar y enviar mensajes de texto son** las siguientes:

| Gmail | Google Meet | Mensajes | Google chat |

ACTIVIDAD COMPLEMENTARIA

2. Indaga sobre alguna de las aplicaciones que se han nombrado anteriormente para gestionar las comunicaciones con *Google*. ¿Cuál te ha llamado la atención? ¿Para qué crees que sirve? ¿Piensas que es gratuita o de pago? ¿Consideras que hay algo que destacar?

2.1. *Gmail*

Gmail es el servicio gratuito de **correo electrónico de *Google.*** Así, a través de esta herramienta se pueden enviar y recibir correos electrónicos, además de disfrutar de otras funcionalidades que hacen que la comunicación sea más sencilla, segura e intuitiva.

 SABÍAS QUE...

Al principio, el proyecto de correo electrónico de *Google* se llamaba *Caribou.*

Gmail se lanzó en el año **2004** y, hasta entonces, había sido meramente utilizado como correo electrónico interno de la empresa. Desde su lanzamiento, debido a sus ventajas, tuvo una gran aceptación entre los usuarios de la red. De hecho, consiguió ser más utilizado que su rival, *Hotmail.*

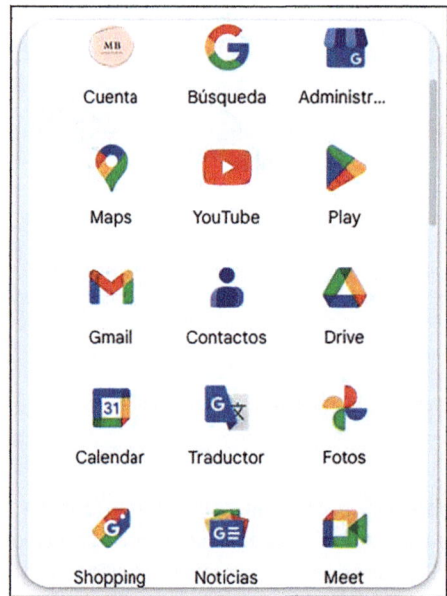

Al crear una cuenta de Gmail, se tiene acceso directo a muchas de las otras funcionalidades de Google.

NOTA

Gmail ya tiene más de 1.800 millones de usuarios activos en todo el mundo.

- -

Lo cierto es que *Gmail* ofrece varias ventajas que deben ser consideradas a la hora de elegirlo como proveedor de correo electrónico.

15 GB de almacenamiento de mensajes

Servicio de chat integrado

Bandeja de entrada dividida por carpetas y temas

Herramientas antivirus

Filtrado de *spam*

2.2. *Messages* (Mensajes)

Messages es una aplicación de mensajería (SMS) que ha desarrollado *Google* para permitir a los usuarios estar en contacto con las personas que deseen, aunque esta aplicación está solo disponible para el sistema operativo *Android*.

Esta aplicación permite enviar y recibir mensajes en el teléfono móvil, pero sin utilizar la tarifa de telefonía móvil, sino empleando la red de internet o wifi que haya disponible. Esto, sin duda, hace que se convierta en una herramienta que hace competencia a las más comunes de mensajería instantánea.

NOTA

Mensajes de *Google* también puede utilizarse en el ordenador.

Mensajes es una de las aplicaciones de comunicación más útiles porque permite guardar conversaciones e incluso enviar fotografías o vídeos, siendo dichas conversaciones independientes de las que llegan por el SMS habitual del teléfono móvil. A través de esta aplicación también se pueden enviar pagos.

PARA SABER MÁS

Puedes saber más sobre las posibilidades de Mensajes de *Google* accediendo a su página oficial:

https://redirectoronline.com/ifcm007po0203

2.3. *Google Meet*

Google Meet es un servicio de *Google* que está especialmente orientado a ofrecer un espacio seguro en el que realizar videollamadas. Si bien es cierto que esta aplicación está más orientada al ámbito profesional, es un entorno idóneo para todo tipo de usuarios que quieren comunicarse de manera *online*.

NOTA

Google Meet antes era *Google Duo,* aunque también combina algunas funcionalidades de la también antigua *Hangouts Chat.*

- -

Esta aplicación permite crear reuniones y, en ellas, realizar las siguientes funciones:

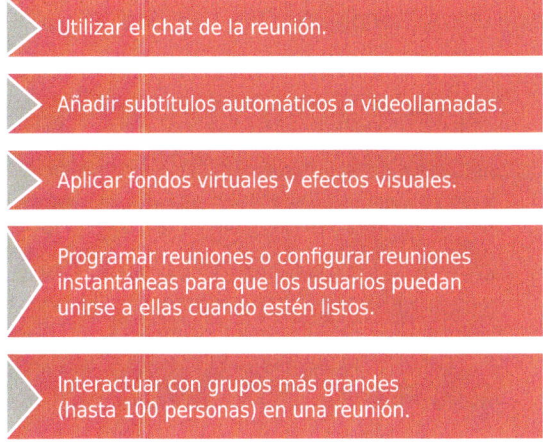

Utilizar el chat de la reunión.

Añadir subtítulos automáticos a videollamadas.

Aplicar fondos virtuales y efectos visuales.

Programar reuniones o configurar reuniones instantáneas para que los usuarios puedan unirse a ellas cuando estén listos.

Interactuar con grupos más grandes (hasta 100 personas) en una reunión.

PARA SABER MÁS

Puedes aprender mejor cómo funciona *Google Meet* y cuáles son las diferentes funcionalidades que ofrece accediendo a la página de tutoriales en vídeo que ofrece *Google,* desde aquí:

Continúa en página siguiente >>

<< Viene de página anterior

https://redirectoronline.com/ifcm007po0208

A la hora de utilizar *Google Meet* hay que tener en cuenta que:

> Las reuniones de tres o más participantes tienen un límite de duración de 60 minutos.

> Las reuniones con otro usuario tienen un límite de duración de 24 horas.

> Se debe utilizar mediante aplicación en dispositivo móvil o con un navegador compatible en el navegador web.

2.4. *Google Chat*

Google Chat es la aplicación de *Google,* que ofrece los servicios que antes ofrecía *Hangouts.* Esta es una aplicación que, como su propio nombre indica, sirve para chatear con otros usuarios. Funciona, por lo tanto, como cualquier herramienta de mensajería instantánea

IMPORTANTE

Google Chat es tan solo para chatear a través de mensajes de texto, este no permite la opción de realizar videollamadas.

Así pues, con esta herramienta se puede:

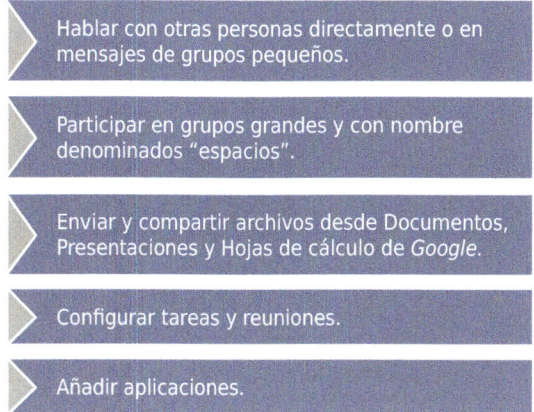

Hablar con otras personas directamente o en mensajes de grupos pequeños.

Participar en grupos grandes y con nombre denominados "espacios".

Enviar y compartir archivos desde Documentos, Presentaciones y Hojas de cálculo de *Google*.

Configurar tareas y reuniones.

Añadir aplicaciones.

Esta tiene dos tipos diferentes de *Chat:*

➲ **Espacios:** idóneos para proyectos a largo plazo, donde se puede colaborar con equipos o grupos específicos. Aquí los usuarios pueden compartir archivos, asignar tareas y mantenerse en contacto.
➲ **Conversaciones grupales:** mensajes directos con dos o más personas.

A esta aplicación, se puede acceder a través de:

La web | *Gmail* | App para iOS y Android

Además, *Google Chat* tiene una serie de limitaciones:

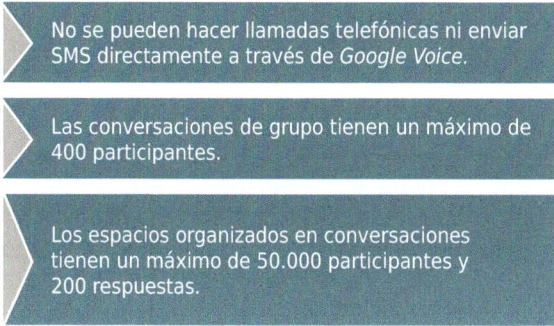

No se pueden hacer llamadas telefónicas ni enviar SMS directamente a través de *Google Voice*.

Las conversaciones de grupo tienen un máximo de 400 participantes.

Los espacios organizados en conversaciones tienen un máximo de 50.000 participantes y 200 respuestas.

PARA SABER MÁS

Puedes aprender más sobre el funcionamiento de *Google Chat* accediendo a todos los tutoriales y páginas de ayuda ofrecidas por *Google,* desde aquí:

https://redirectoronline.com/ifcm007po0209

 APLICACIÓN PRÁCTICA

Francisco ha instaurado el teletrabajo dos días a la semana en su empresa. Para poder controlar que las tareas se van haciendo adecuadamente y poder mantener la comunicación con su equipo, ha decidido utilizar alguna herramienta de *Google.* ¿Cuál será la más óptima?

Solución

La mejor opción es utilizar *Google Meet,* pues es una herramienta diseñada especialmente para los equipos de trabajo. A través de ella podrá organizar tareas, gestionarlas, crear chats e incluso salas virtuales para hablar con su equipo de trabajo.

 TAREA 2

Paola ha sido nombrada encargada de su departamento en la empresa en la que trabaja. Esta empresa se dedica al *marketing* y la comunicación. Así, su departamento está específicamente centrado en la planificación de redes sociales

Continúa en página siguiente >>

<< Viene de página anterior

para sus diversos clientes. Es decir, son los encargados de planificar y crear el contenido que se va a difundir en las redes sociales para los próximos meses. En dicho departamento, Paola cuenta con cinco compañeros más.

Deberás explicar cómo cada una de las herramientas de comunicación de *Google* pueden servirle a Paola y a su equipo para gestionar las comunicaciones, tanto entre ellos como con otros clientes. ¿Le servirá *Gmail*? ¿Y *Google Meet*? ¿Cómo puede utilizarlas para sacarles el máximo partido a cada una y mejorar la comunicación del departamento?

---

3. Resumen

Una de las principales ramas de *Google* son las herramientas de gestión de comunicaciones. *Google* cuenta con diversas plataformas y aplicaciones que sirven para hablar y comunicarse con otros usuarios. Especialmente, cuenta con cuatro muy interesantes:

| Gmail | Google Meet | Mensajes | Google chat |

Cada una de estas plataformas y herramientas tiene un objetivo y está orientada a un sector más o menos concreto. En cualquier caso, todas ellas facilitan las comunicaciones tanto personales como profesionales.

- ⮞ **Gmail:** correo electrónico.
- ⮞ **Mensajes:** enviar y recibir mensajes, vídeos, *gifs* e imágenes.
- ⮞ **Google Meet:** videollamadas y reuniones, para empresas y particulares.
- ⮞ **Google Chat:** chats individuales o en grupo.

Ejercicios de autoevaluación
Unidad de Aprendizaje 2

1. ¿Cuál de las siguientes áreas pertenece a las aplicaciones de *Google?*

   a. Ver y reproducir contenido.
   b. Hacer crecer el negocio.
   c. Buscar y explorar.
   d. Todas las opciones son correctas.

2. Indica si la siguiente afirmación es verdadera o falsa: "Las aplicaciones y herramientas de *Google* se emplean tanto a nivel personal como a nivel profesional".

   ■ Verdadero
   ■ Falso

3. ¿Cuál de las siguientes no es una aplicación de *Google* para hablar y enviar mensajes de texto?

   a. *iMessage*
   b. Mensajes
   c. *Google Meet*
   d. *Gmail*

4. ¿En qué año se lanzó *Gmail?*

   a. 2001
   b. 1998
   c. 2004
   d. 2003

5. Relaciona cada una de las aplicaciones de comunicación de *Google* con aquello para lo que sirven:

   a. *Gmail*
   b. Mensajes
   c. *Google Meet*
   d. *Google Chat*

— Organización y comunicación para equipos de trabajo con videollamadas.
— Mensajes de texto.
— Chats.
— Correo electrónico.

6. *Gmail* tiene...

a. ... 15 GB de almacenamiento de mensajes.
b. ... servicio de chat integrado.
c. ... filtrado de *spam.*
d. Todas las opciones son correctas.

7. Indica si la siguiente afirmación es verdadera o falsa: "Mensajes permite enviar y recibir mensajes en el teléfono móvil, pero utilizando la tarifa de telefonía móvil que se tenga contratada".

■ Verdadero
■ Falso

8. En *Google Meet,* las reuniones de tres o más participantes tienen una duración límite de...

a. ... 24 horas.
b. ... 60 minutos.
c. ... 3 horas.
d. ... 120 minutos.

9. Los espacios en *Google Chat* pueden albergar un límite de hasta...

a. ... 15 participantes.
b. ... 400 participantes.
c. ... 50.000 participantes.
d. ... 8.000 participantes.

10. Al crear una cuenta de *Gmail*…

      a. … se tiene acceso directo a muchas de las otras funcionalidades de *Google*.

      b. … se solicita un número de cuenta bancaria para efectuar el pago de la suscripción.

      c. … ya no puedes utilizar ningún otro correo electrónico.

      d. … formas parte de la empresa de *Google* adquiriendo acciones.

Gmail: el correo electrónico de *Google*

Contenido

Objetivos

El objetivo general de esta Unidad de Aprendizaje es:

→ Descubrir el funcionamiento del correo electrónico de *Google*.

Los objetivos específicos de esta Unidad de Aprendizaje son:

→ Conocer qué es *Gmail*.

→ Crear una cuenta nueva con *Gmail*.

→ Acceder a una cuenta de *Gmail*.

→ Resumir las herramientas adicionales de *Gmail*.

1. Introducción

Una de las aplicaciones más famosas y conocidas de *Google* es, sin duda, *Gmail:* su **servicio gratuito de correo electrónico.** *Gmail* es, actualmente, uno de los servidores de correo electrónico más utilizado entre los diferentes usuarios que utilizan la red.

Este correo electrónico ofrece múltiples ventajas, beneficios y herramientas que lo convierten en una plataforma muy atractiva frente a sus competidoras más directas. Del mismo modo, es apto para utilizarse tanto a nivel **personal** como **profesional.**

En esta unidad veremos cómo se puede acceder a *Gmail* desde cero, creando una cuenta nueva e incluso accediendo a una ya creada con anterioridad. Posteriormente, analizaremos las herramientas más versátiles y completas que ofrece este servidor de correo electrónico para optimizar las tareas realizadas con él.

Para ello, nos centraremos en el caso de Brave Communication, una agencia de comunicación que ha decidido mejorar las comunicaciones internas, así como las que mantiene con sus clientes.

2. Herramientas y métodos de gestión con *Gmail*

👉 HILO CONDUCTOR

La formación en Brave Communication continúa avanzando. Ahora, es el momento de profundizar en *Gmail* y en cómo este correo electrónico puede servirles para optimizar su tiempo de trabajo. ¿Cómo se crea una cuenta y cómo se accede a ella?

- -

Gmail, tal y como hemos comentado en la unidad anterior, es el **sistema de correo electrónico de** *Google,* que nació en el año 2004 y desde entonces ha tenido una gran aceptación entre todos los usuarios de la red. Y es que este servicio gratuito aúna las mejores funciones de un correo electrónico tradicional con la búsqueda de *Google.*

Entre otras cosas, *Gmail* destaca por su capacidad de hasta **15 GB de almacenaje,** lo que permite no tener que eliminar mensajes para ganar espacio, teniendo siempre acceso a los correos más importantes.

Del mismo modo, tiene un servicio de chat integrado, herramientas antivirus y filtrado de *spam*.

| 15 GB de almacenamiento | Herramientas antivirus | Chat integrado | Filtrado de *spam* |

2.1. Cómo acceder a *Gmail*

El acceso a *Gmail* es muy sencillo, tanto si tienes ya una cuenta creada como si no. En primer lugar, se debe acceder a *Google* (www.google.es). En la parte superior derecha aparecen dos opciones para iniciar sesión: el propio botón de iniciar sesión o el enlace a *Gmail*.

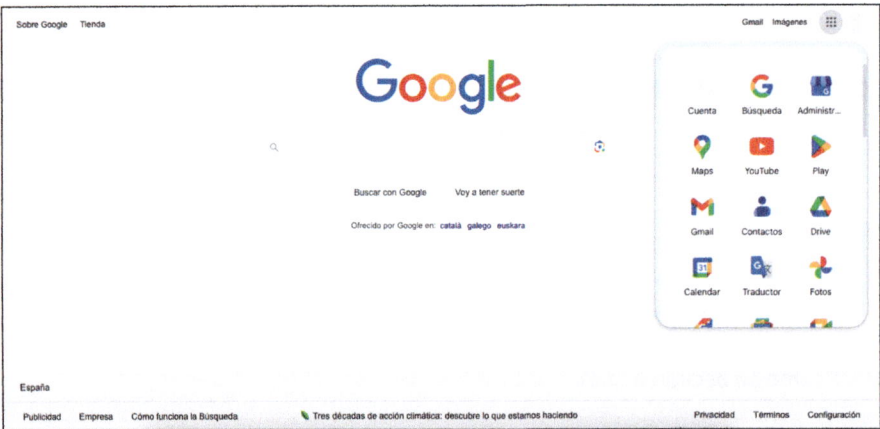

Al hacer clic en el botón **Iniciar sesión** se desplegará una ventana en la que se puede iniciar sesión con la cuenta ya creada o crear una nueva. Vamos a ver las dos opciones.

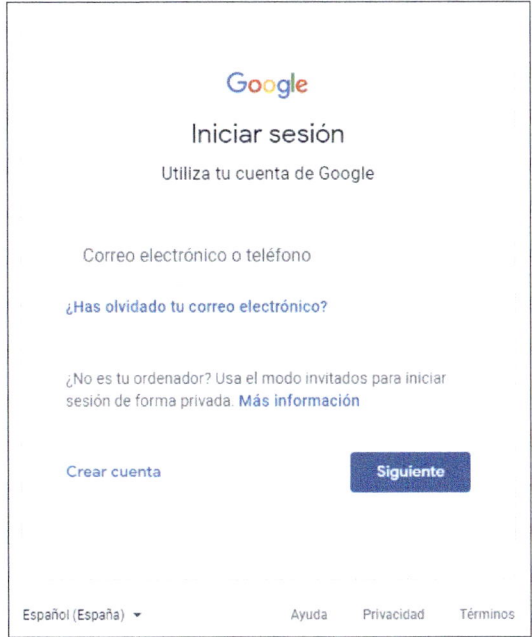

Crear una cuenta nueva de *Gmail*

Para crear una cuenta nueva de *Gmail* se deberá pulsar, en la ventana que ha aparecido, el botón **Crear cuenta.**

Aquí, se podrá seleccionar entre dos opciones: "Para mí" o "Para gestionar mi empresa". La diferencia entre una y otra es, simplemente, si la cuenta se va a querer utilizar para un uso personal o para un uso profesional.

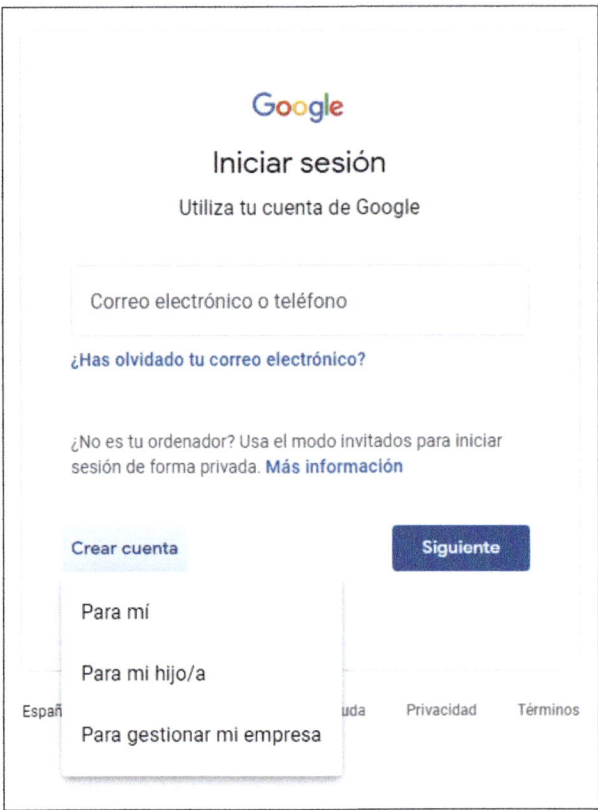

Al elegir cualquiera de las dos opciones, se abrirá la siguiente ventana, en la que se debe rellenar la información requerida: nombre y apellidos, dirección de correo electrónico que se quiere utilizar y la contraseña deseada.

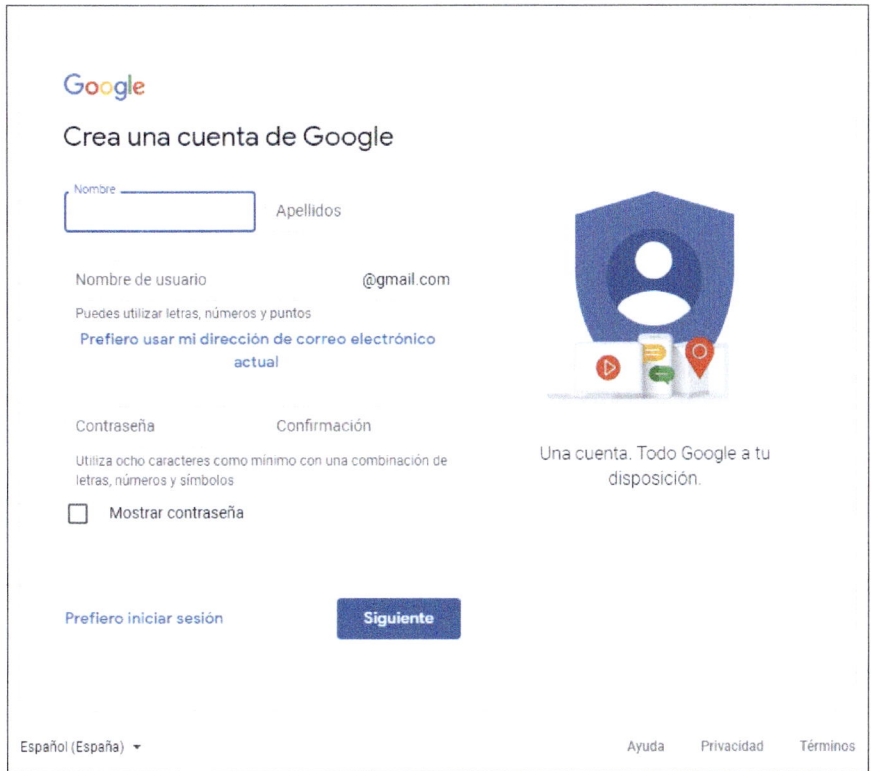

Una vez cumplimentada dicha información, se abre la siguiente ventana, en la que se deberá rellenar más información solicitada, un poco más personal. En este caso, la fecha de nacimiento y un correo electrónico alternativo para poder recuperar la cuenta si ocurriese algún problema en el futuro. Una vez completada esta información, se le debe dar a **Siguiente.**

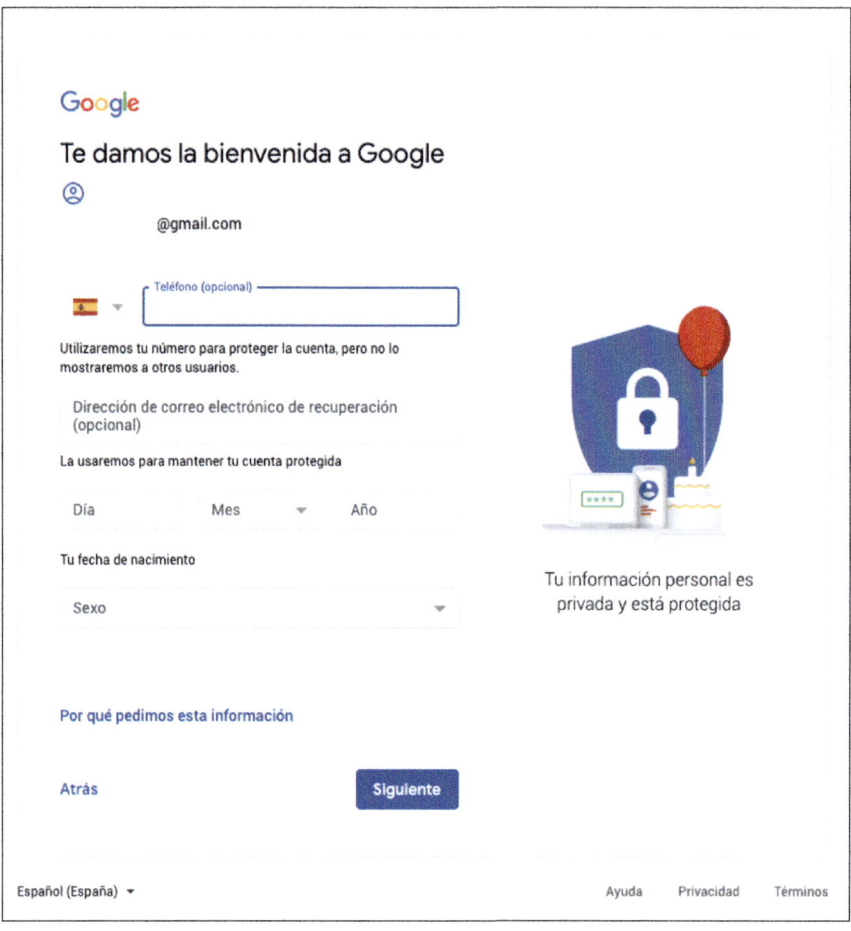

A continuación, aparecerá la ventana de privacidad y condiciones, las cuales deben ser aceptadas para poder crear finalmente la cuenta. Con las dos casillas marcadas, se hace clic en **Crear cuenta.** Se debe aceptar la confirmación que aparece y, finalmente, la cuenta de *Gmail* estará creada.

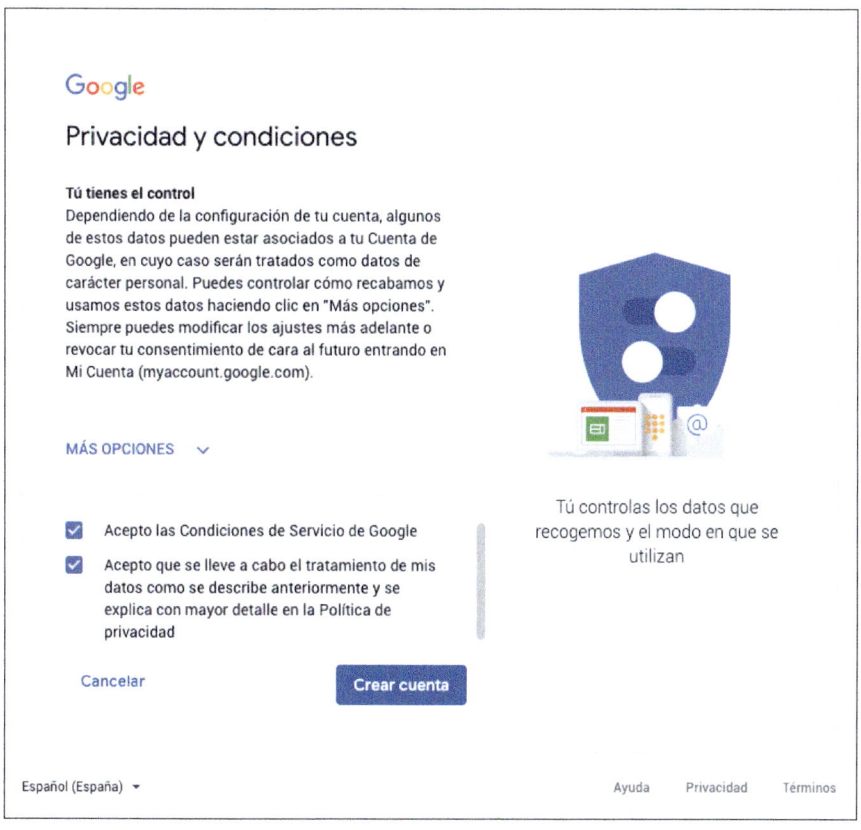

Iniciar sesión en una cuenta de *Gmail*

La otra opción que existe es iniciar sesión en una cuenta de *Gmail* ya creada con anterioridad. Este proceso también es muy sencillo. Para ello, se deberá hacer clic en el botón **Iniciar sesión** que aparece en la pantalla arriba a la derecha. Al abrirse la ventana, se introduce la dirección de correo electrónico a la cual se quiere acceder y se hace clic en **Siguiente.**

A continuación, se debe introducir la contraseña y hacer clic en **Siguiente.**

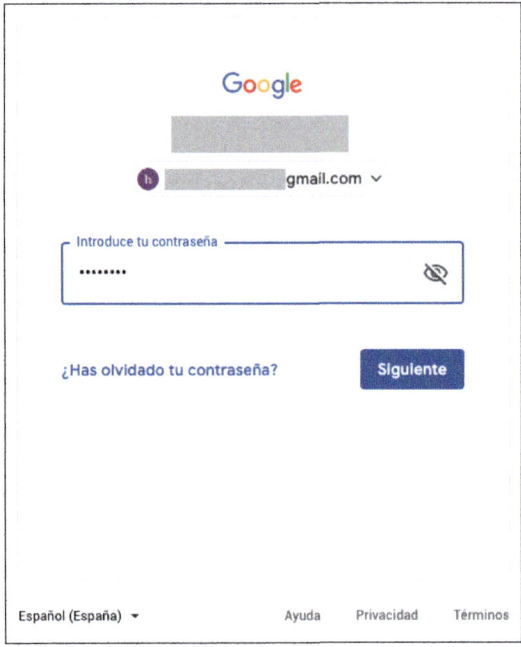

NOTA

Si has olvidado la contraseña, *Google* pone a tu disposición la opción de recuperarla haciendo clic en "¿Has olvidado tu contraseña?".

- -

La sesión en la cuenta de *Google* se habrá iniciado. Así, se tendrá acceso tanto a *Gmail* como al resto de funcionalidades gratuitas de *Google*. Al haber iniciado sesión, se redirigirá automáticamente a la página principal de *Google*.

Una vez aquí, para poder acceder al correo electrónico o a las demás herramientas, se debe hacer clic en los cuadrados que aparecen arriba a la derecha de la pantalla. Ahí, se podrá seleccionar *Gmail* y acceder a la bandeja de entrada. O también se puede hacer clic en el enlace *Gmail* que aparece a la izquierda.

ACTIVIDAD COMPLEMENTARIA

3. Cuenta si te has creado alguna vez una cuenta de correo electrónico con *Gmail* o, en caso de no haberlo hecho anteriormente, créate una para poder dar tu opinión al respecto. ¿Te fue o te ha sido sencillo? ¿Crees que

Continúa en página siguiente >>

<< Viene de página anterior

es intuitiva la manera de crear una cuenta? ¿Añadirías o mejorarías algo? ¿Piensas que esta facilidad para crear cuentas puede ser la que anime a mucha gente a utilizar *Gmail?*

2.2. Herramientas de *Gmail*

Gmail es un servicio de correo electrónico que ofrece muchas herramientas y funcionalidades que lo convierten en una herramienta muy completa. Estas herramientas permiten gestionar mejor los correos electrónicos, la bandeja de entrada y todo lo que ofrece la plataforma:

- **Respuestas automáticas:** las respuestas automáticas funcionan gracias al aprendizaje automático de *Google*. Esto permite que, en el momento de escribir un correo electrónico, te aparezca un texto predictivo, así como otras opciones.
  Las más comunes son "Ok", "¡Gracias!" o "Estoy trabajando en este momento". Estas se pueden seleccionar o ignorar, lo cual facilita la rapidez a la hora de redactar y contestar un correo electrónico.
- **Recordatorio de correo:** esta herramienta ayuda a recordar los correos importantes. Así, se puede configurar un mensaje de manera que aparezca en la bandeja de entrada más adelante, cuando se tenga tiempo de ocuparse de él, y no se pierda entre la cantidad de mensajes recibidos.
- **Mensajes en espera:** se trata de ocultar un mensaje en la bandeja de entrada, poniéndolo "en espera", para poder acceder a él más adelante. Se puede configurar para mañana, el próximo fin de semana, la semana que viene o indicar una hora específica personalizada.
- **Tareas, calendarios y notas:** estas herramientas optimizan y facilitan el trabajo: *Tasks, Keep* y *Calendar. Tareas* es una aplicación que ayuda a recordar las cosas por hacer (es interesante porque los correos electrónicos pueden marcarse como tareas).
  Keep es una especie de notas *post-it* que sirve para realizar listas de tareas pendientes o guardar otras notas.
  Calendar es otra de las herramientas más interesantes de *Gmail* y *Google,* y es que es un calendario que permite programar todas las citas y tareas que se quieran guardar en él.

Conocer las herramientas de *Gmail* permite optimizar el trabajo en la plataforma.

PARA SABER MÁS

Puedes conocer más sobre las posibilidades y funcionalidades de *Google* gracias a su página de ayuda:

https://redirectoronline.com/ifcm007po0303

 APLICACIÓN PRÁCTICA

José es un empresario que está a punto de subir a un avión para irse a la próxima reunión de trabajo. Justamente, acaba de salir de una reunión y estaba esperando a que le enviaran un *planning* de tareas a su correo electrónico para poder trabajar en su próximo proyecto. Ese correo electrónico acaba de llegarle. Dado que está a punto de entrar en el avión y no puede dedicarle mucho tiempo a contestar al correo, pero quiere hacerlo en el momento, ¿hay alguna opción de *Gmail* que se lo permita?

Solución

Las respuestas automáticas están diseñadas especialmente para esos casos. José podrá darle a "¡Gracias!" y enviar el mensaje habiendo perdido tan solo unos pocos segundos para ello.

TAREA 3

Mario ha entrado nuevo en un puesto de trabajo y le han pedido que se cree una cuenta de *Gmail* específica para utilizar en la oficina, además de conocer algunas herramientas que le serán útiles en su día a día.

Mario trabaja como redactor en una revista de ocio de su ciudad, por lo que se va a encargar de escribir artículos semanales, realizar entrevistas y contestar correos electrónicos de compañeros, editores y entrevistados.

Explica paso a paso cómo Mario debe crear su cuenta de correo electrónico en *Gmail* y cómo le pueden servir las herramientas de esta plataforma para su trabajo diario.

----

3. Resumen

Gmail es el servicio gratuito de correo electrónico de *Google* y es uno de los más utilizados por los usuarios en la actualidad debido, entre otras cosas, a sus interesantes ventajas:

- ➲ 15 GB de almacenamiento
- ➲ Herramientas antivirus
- ➲ Chat integrado
- ➲ Filtrado de *spam*

Así, con *Gmail* se puede acceder a una cuenta creada con anterioridad o crear una nueva de manera muy sencilla y en pocos pasos.

Del mismo modo, este correo electrónico gratuito es una plataforma muy completa, pues ofrece herramientas y funcionalidades muy interesantes a la hora de trabajar con los *e-mails* u otras tareas.

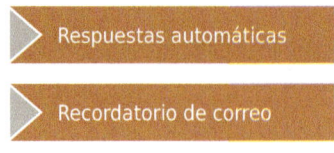

Continúa en página siguiente >>

<< Viene de página anterior

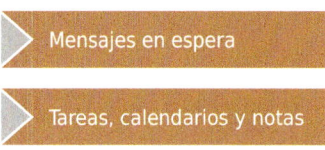

Ejercicios de autoevaluación
Unidad de Aprendizaje 3

1. *Gmail* es un servicio de correo electrónico...

     a. ... gratuito.
     b. ... de pago.
     c. ... *freemium.*
     d. ... asiático.

2. Los *gigabytes* de almacenamiento de *Gmail* son:

     a. 5 GB
     b. 15 GB
     c. 10 GB
     d. 34 GB

3. Indica si la siguiente afirmación es verdadera o falsa: "Para crear una cuenta nueva de *Gmail* hay que acceder a una página web muy específica que es difícil de encontrar en la red".

     ■ Verdadero
     ■ Falso

4. A la hora de crear una cuenta nueva de *Gmail* se puede elegir entre dos opciones:

     a. Para mí y para gestionar mis estudios.
     b. Para gestionar mis estudios y para gestionar mi empresa.
     c. Para mí y para gestionar mi empresa.
     d. Para mí y para gestionar mi página web.

5. Para crear una cuenta de *Gmail* se necesitan...

     a. ... el nombre y los apellidos.
     b. ... el nombre del correo electrónico.
     c. ... una contraseña.
     d. Todas las opciones son correctas.

6. Indica si la siguiente afirmación es verdadera o falsa: "Si has olvidado la contraseña, *Google* pone a tu disposición la opción de recuperarla".

- ■ Verdadero
- ■ Falso

7. El último apartado que aparece al crear una cuenta de *Gmail* es:

a. Condiciones de uso.
b. Privacidad de la información.
c. Confirmación de datos personales.
d. Privacidad y condiciones.

8. Al contestar a un correo electrónico, aparecen una serie de palabras predeterminadas para que se pueda contestar de manera más rápida. ¿Cómo se llama esta opción?

a. Respuestas automáticas.
b. Recordatorio de correo.
c. Mensajes en espera.
d. Tareas, calendarios y notas.

9. ¿Los mensajes en espera se pueden atrasar?

a. No se pueden atrasar.
b. Sí, para cualquier hora del día en que se ha recibido.
c. Sí, para la semana que viene.
d. Sí, para mañana, el próximo fin de semana, la semana que viene o una hora específica personalizada.

10. Relaciona cada herramienta con su definición:

a. *Tasks.*
b. *Keep.*
c. *Calendar.*

__ Calendario que permite programar todas las citas y tareas que se quieran guardar en él.

— Notas *post-it* que sirve realizar listas de tareas pendientes o guardar otras notas.
— Aplicación que ayuda a recordar las cosas por hacer.

Configuración general: bandeja de entrada, perfiles y propiedades

Contenido

Objetivos

El objetivo general de esta Unidad de Aprendizaje es:

→ Configurar la apariencia básica de *Gmail*.

Los objetivos específicos de esta Unidad de Aprendizaje son:

→ Organizar la bandeja de entrada de *Gmail*.

→ Determinar el aspecto de la cuenta de *Gmail*.

→ Resumir las configuraciones básicas de *Gmail*.

1. Introducción

Gmail no solo destaca por ser una plataforma de correo electrónico gratuita, sino que también lo hace por ofrecerle al usuario diversas acciones y posibilidades que ayuden a **personalizar** al máximo la experiencia.

En ese sentido, *Gmail* permite a aquellos que se hayan creado una cuenta organizar la bandeja de entrada, elegir su aspecto y configurar todo tipo de comandos y propiedades. Por ejemplo, es posible cambiar el tema de la cuenta, la contraseña o el nombre del perfil, o elegir las carpetas en las que se van a recopilar los correos electrónicos, entre otras muchas opciones.

Para empezar a conocer el funcionamiento de *Gmail,* lo más sencillo es averiguar **cómo se configura su bandeja de entrada**, pues será la página principal a la hora de entrar a la plataforma y con lo que más se va a trabajar de manera recurrente. Después, será necesario conocer las amplias posibilidades de configuración a nivel general.

Para ello, nos centraremos en el caso de Brave Communication, una agencia de comunicación que ha decidido mejorar las comunicaciones internas, así como las que mantiene con sus clientes. Tras valorar rápidamente las aplicaciones de *Google* que pueden servirles a los diferentes equipos de trabajo, es momento de abordar más profundamente *Gmail.*

2. Configuración de la bandeja de entrada en una cuenta de *Gmail*

☞ HILO CONDUCTOR

En la siguiente etapa del curso de formación que le están ofreciendo a los trabajadores de Brave Communication les enseñan a configurar la bandeja de entrada de su cuenta de *Gmail* para que puedan adaptarla más fácilmente a las necesidades que tienen en cada puesto de trabajo.

La plataforma de *Gmail* ofrece **múltiples propiedades de configuración,** para generarle así una experiencia más personalizada y agradable al usuario.

Es por eso por lo que dicha configuración puede realizarse desde la página principal de la plataforma.

NOTA

La configuración se puede volver a modificar en cualquier momento.

La configuración permite ordenar la bandeja de entrada, crear carpetas, cambiar el aspecto de la bandeja de entrada, cambiar la información del perfil personal e incluso la fotografía, entre otras acciones.

En Gmail la configuración se puede cambiar directamente desde la página principal de la bandeja de entrada y esta tiene múltiples posibilidades para crear una plataforma de correo electrónico al gusto. (© Fotografía: Alexey Boldin / Shutterstock.com)

Así, configurar la bandeja de entrada de *Gmail* es verdaderamente sencillo. Para empezar, bastará con ir a la **página principal** de *Gmail* y hacer clic en la rueda que aparece en la parte de arriba a la derecha en la bandeja de entrada.

Al hacer clic en ese botón, se desplegarán una serie de opciones de configuración. Cada una de ellas permitirá configurar un apartado de *Gmail*. En este momento, vamos a configurar exclusivamente la bandeja de entrada. Para ello, hay que hacer clic en **Configurar bandeja de entrada.**

Desde este apartado, se podrán seleccionar las pestañas que se quieren habilitar en la bandeja de entrada, ya que *Gmail* crea una serie de pestañas automáticas en las que se van agrupando los correos electrónicos que pertenecen a una misma temática. Estas pestañas son **Principal, Social, Promociones, Notificaciones y Foros.**

Las que estén marcadas con un *tic* son aquellas que aparecerán.

PARA SABER MÁS

Puedes configurar de una manera más a fondo y profesional la bandeja de entrada siguiendo los siguientes consejos elaborados por *Google:*

https://redirectoronline.com/ifcm007po0402

APLICACIÓN PRÁCTICA

Ariadna es una joven de 23 años apasionada por la tecnología. Por ello, está suscrita a diversas *newsletters* de páginas web y marcas relacionadas con este tema para estar al tanto de las ofertas y novedades. Dichas *newsletters* le llegan a su correo electrónico de *Gmail*, pero cuando revisa su bandeja de entrada no le aparecen en la pestaña de Principal. ¿En qué apartado o pestaña de la bandeja de entrada podrá encontrar Ariadna sus *newsletters?*

Solución

Gmail agrupa automáticamente los correos en pestañas cuando pertenecen a una misma temática. Por eso, las *newsletters,* al tratarse de correos electrónicos que

Continúa en página siguiente >>

<< Viene de página anterior

envían las marcas para informar sobre sus ofertas, se encuentran en la pestaña de **Promociones.** Aquí se incluirán todos los correos de ese tipo.

---

3. Configuración general de las propiedades en una cuenta de *Gmail*

 **HILO CONDUCTOR**

Una vez les han enseñado en el curso a configurar la bandeja de entrada, pasan al siguiente punto: aprender a configurar la cuenta de *Gmail* conociendo todos sus ajustes generales. Aquí, les enseñan a cambiar el tema, a habilitar el chat, a importar contactos y demás utilidades para el día a día de cada trabajador de Brave Communication.

La bandeja de entrada no es lo único que se puede personalizar, sino que *Gmail* también ofrece una serie de configuraciones generales que son muy interesantes de conocer para poder sacarle el máximo partido a esta plataforma de correo electrónico.

NOTA

Al crear una cuenta nueva en *Gmail,* la propia plataforma ofrece una serie de atajos rápidos para configurar dichos aspectos generales, como el tema, la foto de perfil o importar contactos.

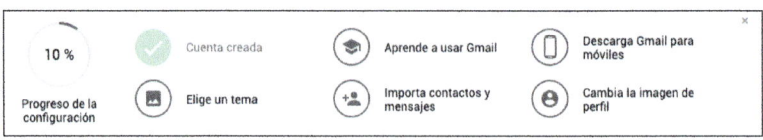

De este modo, para poder cambiar la configuración general de *Gmail* habrá que hacer clic, de nuevo, en el icono de la rueda que aparece arriba a la derecha de la bandeja de entrada. A continuación, se debe hacer clic en **Ver todos los ajustes.**

Esto redirigirá a una nueva ventana en la que se podrán cambiar los siguientes ajustes:

- **General:** en esta pestaña se pueden configurar todos los ajustes generales de *Gmail,* desde el idioma en que se quiere que aparezca la interfaz a la cantidad de mensajes que se pueden mostrar en una página.
- **Etiquetas:** en este apartado se pueden modificar las etiquetas con las que se clasifican los correos electrónicos, como "recibidos", "destacados" o "enviados".
- **Recibidos:** aquí es posible configurar la bandeja de entrada; es decir, cómo se quiere que sea y qué categorías pueden aparecer, entre otras cuestiones.
- **Cuentas e importación:** en esta pestaña se gestiona todo lo relacionado con la cuenta, como la contraseña o añadir otra cuenta de correo electrónico.
- **Filtros y direcciones bloqueadas:** se configuran aquí todos los filtros que ofrece *Gmail* en cuestión de virus y *spam,* así como las cuentas de correo electrónico que se tienen bloqueadas.
- **Reenvío y correo POP/IMAP:** configuración del reenvío de correos y cuentas POP e IMAP.
- **Complementos:** aquí se pueden configurar complementos o aplicaciones que ayudan a ampliar las funciones de *Gmail.*
- **Chat y *Meet:*** para habilitar o inhabilitar el chat en la cuenta de *Gmail.*
- **Avanzadas:** en esta pestaña se pueden configurar aspectos más avanzados, como dónde se quiere colocar el chat o qué combinaciones de teclas personalizadas se pueden utilizar, entre muchos otros.
- **Sin conexión:** para habilitar el correo sin conexión.
- **Temas:** aquí se puede cambiar el tema, es decir, la apariencia de la bandeja de entrada. Normalmente, al crear una cuenta de *Gmail,* esta se configura con un tema predeterminado: el fondo blanco. Pero es posible personalizarla utilizando temas ya creados por *Gmail* o incluso utilizando fotografías propias.
  El tema también se puede cambiar de manera rápida haciendo clic en la rueda de configuración en la página principal y en "Temas".

ACTIVIDAD COMPLEMENTARIA

4. Ve a tu cuenta de *Gmail* y, desde la configuración, cambia el tema y la apariencia de tu bandeja de entrada. Explica cómo lo has hecho, si has utilizado un tema predeterminado o una fotografía propia, y si te ha parecido sencillo o complicado de realizar.

---

4. Configuración del perfil en una cuenta de *Gmail*

HILO CONDUCTOR

A los trabajadores de Brave Communication no solo les han enseñado a configurar la cuenta de *Gmail* como tal, sino también el propio perfil. Así, pueden personalizarlo para que no tenga un carácter genérico. ¿Qué pueden modificar? ¿Qué pueden añadir?

Una cuenta de *Gmail* está asociada, irremediablemente, a un perfil de *Google*. Este perfil se trata de una cuenta personal en la que se pueden modificar datos tales como la fotografía de perfil, el nombre que va a aparecer asociado a la cuenta o la privacidad y seguridad de la cuenta, entre muchos otros aspectos.

Para poder configurar este perfil, se debe hacer clic en el icono que aparece arriba a la derecha en la bandeja de entrada de *Gmail*.

A continuación, hay que hacer clic en **Gestionar tu cuenta de Google.** Esto abrirá una nueva ventana desde la que se podrán configurar diferentes parámetros.

Por tanto, en la configuración del perfil de *Gmail* se pueden gestionar los siguientes aspectos:

- **Información personal:** en este apartado se puede modificar la información más relacionada con datos personales, como el sexo, el nombre o la fecha de nacimiento. Desde aquí también se puede cambiar la imagen de perfil.

➲ **Datos y privacidad:** aquí se puede configurar todo lo relacionado con la revisión de privacidad o los controles de actividad de la cuenta, entre otras cuestiones.

➲ **Seguridad:** en este apartado se puede comprobar y personalizar todo aquello relacionado con la seguridad de la cuenta, como los métodos para iniciar sesión o los métodos para verificar la identidad.

➲ **Contactos y compartir:** desde aquí se pueden ver todos los contactos importados y gestionar qué se puede hacer con ellos. Del mismo modo, en esta pestaña es posible configurar lo que tiene que ver con la información compartida, para elegir qué se desea que sea visible y qué no.

➲ **Pagos y suscripciones:** en este apartado se gestiona todo lo relacionado con las suscripciones a las que está sometida la cuenta y se controla el pago, las compras, etc.

 TAREA 4

Nekane ha empezado este año un máster *online* en la universidad de su ciudad y le han pedido que se cree una cuenta de correo electrónico en *Gmail* para poder utilizar algunas de las aplicaciones que este ofrece. Después de unos días utilizando esta plataforma de correo electrónico, ha descubierto que la puede personalizar para utilizarla más cómodamente.

En este máster *online* estará metida en foros y también en redes sociales, pero no utilizará la cuenta para nada personal ni comercial. Tampoco quiere tener activo el chat. Aun así, sí le gustaría, por ejemplo, cambiar el fondo de la bandeja de entrada para que vaya más acorde a su personalidad.

Sabiendo esto, explica paso a paso cómo puede Nekane configurar *Gmail* para que le sea útil y quede a su gusto. ¿Desde dónde ha de iniciar la configuración? ¿Qué apartados debe tocar? ¿Cómo puede personalizar el fondo que le interesa?

5. Resumen

Una de las ventajas más destacables de *Gmail* es que permite configurar y personalizar la cuenta para cada usuario. Así, a grandes rasgos, se puede configurar desde la página principal:

- ⮂ La cuenta
- ⮂ El perfil
- ⮂ La bandeja de entrada

De este modo, en la **bandeja de entrada** se pueden organizar los correos electrónicos por carpetas, seleccionando qué carpetas se quiere que aparezcan y cuáles no. Por su parte, la configuración **general de la cuenta** permite personalizar la plataforma al máximo. Así, en dicha configuración se pueden ir variando los siguientes apartados:

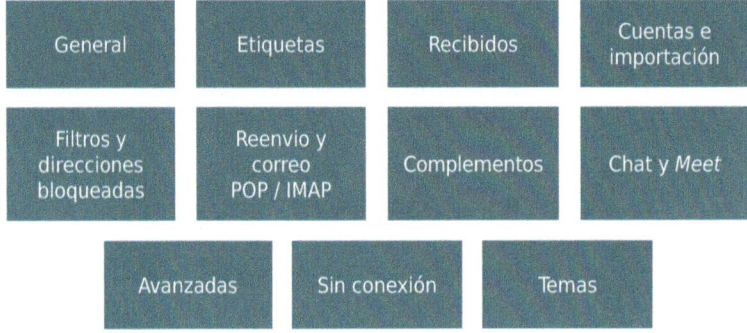

Todo ello hace que *Gmail* se convierta en una plataforma sencilla de utilizar para el usuario y que, además, esté creada a su gusto y semejanza, ofreciéndole la oportunidad de que añada y elimine todo aquello que más le convenga para su uso continuo.

Ejercicios de autoevaluación
Unidad de Aprendizaje 4

1. Indica si la siguiente afirmación es verdadera o falsa: *"Gmail* tiene una bandeja de entrada estática que no permite ser cambiada ni personalizada".

    ■ Verdadero
    ■ Falso

2. La configuración de la bandeja de entrada de *Gmail*...

    a. ... solo se puede cambiar al crear la cuenta.
    b. ... se puede cambiar una única vez.
    c. ... se puede volver a modificar en cualquier momento.
    d. ... se puede ajustar según unos temas ya establecidos.

3. Para acceder al menú de configuración se debe hacer clic en...

    a. ... el icono de la rueda.
    b. ... el icono de "+".
    c. ... en el enlace de "Configura tu *Gmail".*
    d. ... en cualquier correo electrónico recibido.

4. Indica si la siguiente afirmación es verdadera o falsa: "Al crear una cuenta nueva en *Gmail,* la propia plataforma ofrece una serie de atajos rápidos para configurar dichos aspectos generales".

    ■ Verdadero
    ■ Falso

5. ¿Cuáles son las pestañas que se pueden habilitar en la bandeja de entrada?

    a. Principal, Social, Promociones y Notificaciones.
    b. Principal, Social y Promociones.
    c. Principal, Redes, Notificaciones y Foros.
    d. Principal, Social, Promociones, Notificaciones y Foros.

6. En la bandeja de entrada...

    a. ... solo pueden aparecer un máximo de cuatro pestañas.
    b. ... solo pueden aparecer un máximo de tres pestañas.
    c. ... pueden aparecer todas las pestañas que se quieran habilitar.
    d. ... se pueden añadir pestañas nuevas creadas por el usuario.

7. ¿Cuál de los siguientes ajustes se puede personalizar en la configuración general de la cuenta de *Gmail*?

    a. Etiquetas
    b. Complementos
    c. Reenvío y correo POP/IMAP
    d. Todas las opciones son correctas.

8. ¿En qué apartado de la configuración general se puede cambiar la contraseña de la cuenta?

    a. General
    b. Filtros y direcciones bloqueadas
    c. Complementos
    d. Cuentas

9. ¿Se pueden utilizar combinaciones de teclas personalizadas en *Gmail*?

    a. No, no es posible.
    b. Sí, las que ofrece *Gmail* de manera predeterminada.
    c. Sí, y se pueden personalizar en la configuración avanzada.
    d. Solo si el usuario se pone en contacto con *Gmail* para habilitarlo.

10. Relaciona cada apartado con lo que se puede configurar en él:

    a. Sin conexión.
    b. Temas.
    c. Etiquetas.
    d. Filtros y direcciones bloqueadas.
    e. Recibidos.

— Configuración de las etiquetas con las que se clasifican los correos electrónicos.

— Configuración de filtros de virus y *spam*.

— Configuración de la apariencia y el fondo de la bandeja de entrada.

— Configuración para habilitar el correo sin conexión.

— Configuración general de la bandeja de entrada.

Control y configuración para evitar *spam,* virus, etc.

Contenido

Objetivos

El objetivo general de esta Unidad de Aprendizaje es:

→ Configurar la cuenta de *Gmail* para evitar virus y *spam*.

Los objetivos específicos de esta Unidad de Aprendizaje son:

→ Establecer filtros para evitar *spam* en *Gmail.*

→ Identificar las herramientas de *Gmail* para evitar virus.

→ Resumir los consejos para la seguridad del usuario y sus datos en internet.

1. Introducción

Gmail es una de las plataformas gratuitas de correo electrónico más **segura** para el usuario. Esto es así porque cuenta con una serie **de filtros antivirus y *antispam*** que actúan de manera automática con cada cuenta.

Pero, además de eso, también ofrece la posibilidad de añadir filtros de seguridad para mejorar sus condiciones. De este modo, el usuario puede crear filtros propios o importar otros ya creados para evitar el *spam,* evitar los correos electrónicos de un determinado remitente u otras opciones.

Asimismo, *Gmail* también cuenta con una serie de herramientas que ayudan a **mantener la seguridad** de la cuenta y evitan, por tanto, que los virus accedan al correo electrónico. A pesar de eso, siempre es importante que el usuario cuide la seguridad y tome en cuenta algunos consejos que ayudarán a proteger sus datos en internet y en otros dispositivos.

Para el desarrollo del contenido, nos centraremos en el caso de Brave Communication, una agencia de comunicación que ha decidido mejorar las comunicaciones internas, así como las que mantiene con sus clientes. En el curso de formación que se está impartiendo, el ponente sigue hablando de las posibilidades de configurar *Gmail* y, para ello, enseña en esta ocasión las herramientas contra los virus y el *spam.*

2. Cómo activar y configurar los filtros de virus y *spam* en *Gmail*

☞ HILO CONDUCTOR

La primera parte de esta sesión de formación relacionada con la seguridad en *Gmail* está dedicada a explicarles a los trabajadores de Brave Communication los filtros que ofrece *Gmail* para evitar el *spam* y los virus. ¿Qué filtros existen y cómo pueden configurarlos?

- -

Gmail tiene una opción muy interesante y es que permite habilitar unos filtros de virus y *spam* para que el uso del correo electrónico sea más seguro. Si bien es cierto que *Gmail* cuenta con unos filtros automáticos, es posible configurarlos de manera más avanzada para conseguir **una cuenta mucho más segura.**

DEFINICIÓN

Spam
Correos electrónicos que se envían de manera masiva sin haber sido solicitados por el usuario. Normalmente, tienen fines publicitarios o comerciales.

Así pues, los **filtros para evitar virus y** *spam* **se pueden activar desde la configuración de la cuenta.** Para ello, como siempre, bastará con hacer clic en el icono de la rueda y seleccionar, a continuación, **Configuración.**

Posteriormente, se accederá a la pestaña de **Filtros y direcciones bloqueadas.** Desde este apartado se pueden configurar los filtros para detectar virus e incluso *spam*. De hecho, la configuración de los mismos es muy sencilla.

Gmail ofrece dos opciones para configurar los filtros:

Crear un filtro   Importar filtros

Lo cierto es que lo más sencillo y personalizable es crear un filtro. Por tanto, el primer paso será hacer clic en **Crear un filtro.** Al crear un filtro nuevo se abre una ventana emergente. En ella aparece un formulario en el que se pueden rellenar diferentes apartados para que los correos electrónicos que contengan esa información no lleguen a la bandeja de entrada.

Para crear un filtro *antispam,* bastará con añadir en el apartado "Contiene las palabras" lo siguiente: **is:spam.** A continuación, se le dará a **Crear filtro.**

Aparecerá una ventana emergente con el siguiente paso: seleccionar qué debe hacer *Gmail* cuando detecte un correo electrónico que cumpla los parámetros anteriores. Se debe marcar lo que se desee, como eliminarlo, y darle de nuevo a **Crear filtro.**

Una vez esté creado el filtro, aparecerá en esa sección de la configuración.

NOTA

Se pueden crear tantos filtros como se deseen y borrar más adelante aquellos que ya no interesen.

ACTIVIDAD COMPLEMENTARIA

5. Imagina que vas a crear un filtro de seguridad para tus correos electrónicos en *Gmail*. ¿Qué tipo de filtro crearías? ¿Cuál es tu prioridad? ¿Evitar *spam*, virus, agendar todos los correos que vengan de un remitente? Puedes elegir el filtro que se te ocurra y describirlo.

---

3. Otras herramientas de *Gmail* para evitar virus

HILO CONDUCTOR

Siguiendo el curso de formación, a los trabajadores de Brave Communication se les explican otras herramientas que incorpora *Gmail* para que puedan proteger sus cuentas del trabajo y cuidar así sus correos electrónicos.

Gmail, más allá de sus filtros, también ofrece otra serie de herramientas y alternativas para configurarlas y evitar así los virus que puedan recibirse a través de los correos electrónicos. Estas son otras de las herramientas de *Gmail* que ayudan a prevenir los virus:

◐ **Protección *antiphishing*:** *Gmail* ofrece una protección que ayuda a detectar de manera precoz el *phishing*. Lo hace con un motor automático que observa el comportamiento de dichas estafas para alertar al usuario a tiempo.
◐ **Bloqueo de archivos ejecutables:** los archivos ejecutables, como EXE O DLL, son los que más fácilmente pueden contener virus. Así, para evitarlo, *Gmail* bloquea estos archivos directamente.

- ⊃ **Contraseña segura y fuerte:** *Gmail,* a la hora de crear una cuenta, recomienda siempre utilizar una contraseña que sea fuerte y segura. Algunos requisitos de la plataforma es que la contraseña contenga un mínimo de 8 caracteres, combinando cifras y letras.
- ⊃ **Revisión de seguridad y opciones de recuperación:** cada vez que *Gmail* detecta un inicio de sesión en un dispositivo nuevo o cualquier acción sospechosa, envía un correo a la cuenta de recuperación por si acaso. Además, si necesitas recuperar tu cuenta, se realizarán una serie de preguntas y cuestiones muy concretas que no son fáciles de adivinar por cualquiera.
  Del mismo modo, en la revisión de seguridad de la cuenta es posible ver qué dispositivos hay conectados para comprobar si son todos conocidos.
- ⊃ **Permisos:** es importante revisar los permisos que se le dan a la aplicación para comprobar que todo está correcto y configurado tal y como se deseaba.
- ⊃ **Verificación de dos pasos:** esta es una de las herramientas de seguridad más interesantes que ofrece *Google* y es que se trata de añadir una capa más de seguridad a la cuenta. Esta verificación consiste en que, a la hora de iniciar sesión en la cuenta, se pedirá primero la contraseña y, después, un código que se enviará al número de teléfono asociado a la cuenta.

 **APLICACIÓN PRÁCTICA**

Manuel es un diseñador gráfico que utiliza su cuenta de correo electrónico en *Gmail* para estar en contacto con sus clientes, aunque solo la tiene vinculada a su ordenador personal y a su teléfono móvil. Hace un tiempo, le llegó una notificación en la que le avisaban de que se había iniciado sesión en otro dispositivo, pero no le hizo caso porque nadie más sabía su contraseña y pensaba que era imposible. Aun así, a partir de ese momento, empezó a sospechar que podía ser verdad que alguien le había robado la contraseña. ¿Tiene Manuel alguna opción para ver si, efectivamente, su cuenta de *Gmail* está abierta en otro dispositivo?

Solución

En la revisión de seguridad de la cuenta es posible ver qué dispositivos hay conectados para comprobar si son todos conocidos, y si hay alguno del que sospeche, tomar las medidas necesarias.

4. Consejos para el usuario

☞ HILO CONDUCTOR

Por último, para cerrar la formación en seguridad de *Gmail,* les ofrecen a los trabajadores una serie de consejos muy interesantes para que los tengan en cuenta cuando utilicen sus cuentas de correo electrónico.

Más allá de las herramientas y opciones que ofrece *Gmail,* siempre es importante que el usuario también tome conciencia de lo importante que es la seguridad para proteger los correos electrónicos y todos los datos que estos contienen.

Para ello, es necesario que el propio usuario tenga en cuenta una serie de consejos a la hora de utilizar una plataforma como *Gmail.*

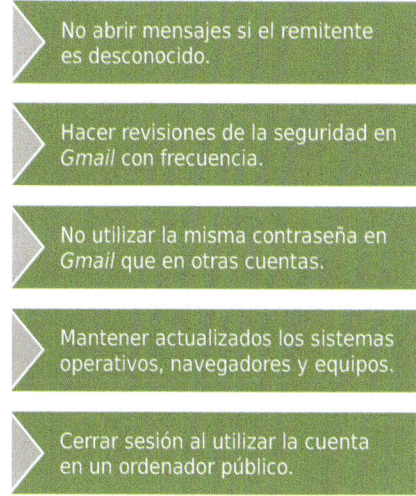

No abrir mensajes si el remitente es desconocido.

Hacer revisiones de la seguridad en *Gmail* con frecuencia.

No utilizar la misma contraseña en *Gmail* que en otras cuentas.

Mantener actualizados los sistemas operativos, navegadores y equipos.

Cerrar sesión al utilizar la cuenta en un ordenador público.

 **TAREA 5**

Gonzalo es el informático de una agencia inmobiliaria y, al cambiar todos los equipos informáticos de la oficina, han decidido revisar cada uno de los componentes de seguridad. En esta revisión han incluido la seguridad de las cuentas de *Gmail,* algo a lo que antes no le habían dado ninguna importancia. Quieren eliminar el *spam* por completo.

Actúa como si fueras Gonzalo e indica qué puede hacer para mejorar la seguridad de las cuentas de *Gmail* del equipo de trabajo y si les puedes dar algunos consejos a sus compañeros para evitar que entren virus o *spam* a sus cuentas.

5. Resumen

Una de las posibilidades de seguridad que ofrece *Google* para evitar los virus y el *spam* es la de configurar filtros específicos para ello. Así, en su configuración de filtros y direcciones bloqueadas permite crear filtros nuevos o importarlos.

Además de eso, también ofrece una serie de herramientas que ayudan a mejorar todavía más las opciones de seguridad de la cuenta.

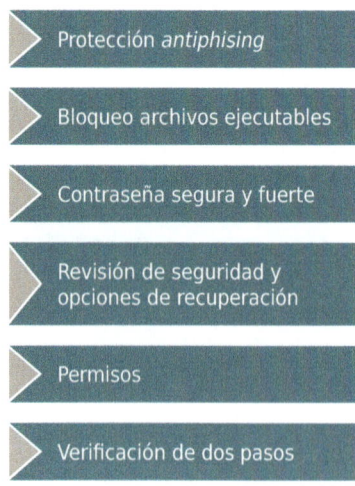

Protección *antiphising*

Bloqueo archivos ejecutables

Contraseña segura y fuerte

Revisión de seguridad y opciones de recuperación

Permisos

Verificación de dos pasos

A pesar de todo ello, es necesario que el usuario tome ciertas precauciones para asegurarse de mantener la seguridad de su cuenta de *Gmail*.

⮞ No abrir mensajes si el remitente es desconocido.
⮞ Hacer revisiones de la seguridad en *Gmail* con frecuencia.
⮞ No utilizar la misma contraseña en *Gmail* que en otras cuentas.
⮞ Mantener actualizados los sistemas operativos, navegadores y equipos.
⮞ Cerrar sesión al utilizar la cuenta en un ordenador público.

Ejercicios de autoevaluación
Unidad de Aprendizaje 5

1. Los filtros de seguridad de *Gmail* ayudan a evitar:

    a. Virus
    b. *Spam*
    c. Virus y *spam*
    d. Virus, *spam* y notificaciones de redes sociales

2. Indica si la siguiente afirmación es verdadera o falsa: "Se entiende por *spam* aquellos correos electrónicos que se envían de manera masiva sin haber sido solicitados por el usuario".

    ■ Verdadero
    ■ Falso

3. ¿En qué apartado se pueden configurar los filtros de *Gmail*?

    a. Direcciones bloqueadas.
    b. Filtros y direcciones bloqueadas.
    c. Filtros de seguridad.
    d. Revisión de seguridad.

4. ¿Es posible importar filtros de seguridad en *Gmail*?

    a. Sí, pero tienen que ser comprados en un apartado especial de la página de *Google*.
    b. Sí, se pueden importar tantos filtros como se necesiten.
    c. No, solo se pueden crear filtros nuevos.
    d. No, solo se pueden elegir entre un listado de filtros ya predeterminados.

5. ¿Qué palabra se tiene que poner para crear un filtro *antispam*?

    a. No:spam
    b. Info:spam
    c. Spam:is
    d. Is:spam

6. ¿Qué apartados se pueden rellenar a la hora de crear un filtro *antis-pam?*

    a. Tamaño
    b. Asunto
    c. Contiene las palabras
    d. Todas las opciones son correctas.

7. ¿Qué tipos de archivos que se envían por correo electrónico pueden contener virus?

    a. EXE y DLL
    b. EXCELL
    c. DLR
    d. JPEG y EXE

8. Una contraseña segura y fuerte en *Gmail* contiene...

    a. ... 8 caracteres mínimo y números.
    b. ... 7 caracteres mínimo y combinación de letras y números.
    c. ... combinación de minúsculas, mayúsculas y números.
    d. ... 8 caracteres como mínimo, combinando cifras y letras.

9. Relaciona qué se puede hacer con cada herramienta de seguridad de *Gmail:*

    a. Protección *antiphishing.*
    b. Bloqueo de archivos ejecutables.
    c. Opciones de recuperación.
    d. Verificación de dos pasos.
    e. Revisión de seguridad.

    __ Detectar de manera precoz las estafas por correo electrónico.
    __ No permitir la descarga de archivos que puedan contener virus.
    __ Hacer preguntas y cuestiones muy concretas para recuperar la cuenta.
    __ Añadir una capa más de seguridad a la cuenta, teniendo que incluir un código después de la contraseña al iniciar sesión.
    __ Comprobar qué dispositivos están vinculados a la cuenta de correo electrónico.

10. Indica si la siguiente afirmación es verdadera o falsa: "Una medida de seguridad en usuarios es utilizar la misma contraseña en *Gmail* que en otras cuentas".

- ■ Verdadero
- ■ Falso

Gestión de la agenda y contactos

Contenido

Objetivos

El objetivo general de esta Unidad de Aprendizaje es:

→ Descubrir las opciones de *Google* para gestionar los contactos.

Los objetivos específicos de esta Unidad de Aprendizaje son:

→ Importar contactos a *Gmail*.

→ Configurar *Google Contactos*.

→ Importar contactos a *Google Contactos*.

1. Introducción

Los **contactos** y la **agenda** son parte ya de cualquier usuario que utilice internet y, en general, un dispositivo móvil. Por eso, tenerlos a mano en todo momento es prácticamente una necesidad.

Google, para ello, ha introducido en su plataforma de correo electrónico *Gmail* la opción de **importar contactos de otras cuentas,** permitiendo así a sus usuarios tener todos los contactos y correos que necesitan en su cuenta actual.

Pero también ha ido un paso más allá. Y es que ha incluido en su oferta de aplicaciones la denominada *Google Contactos;* una aplicación que actúa como una agenda digital. En esta plataforma se pueden importar contactos, crear nuevos, exportar y demás acciones.

Google permite, con todo ello, que los usuarios tengan a su disposición, en cualquier momento y desde cualquier dispositivo, sus contactos. Así, se facilita el día a día, tanto en la vida privada como en la vida laboral.

Para el desarrollo del contenido, nos centraremos en el caso de Brave Communication, una agencia de comunicación que ha decidido mejorar las comunicaciones internas, así como las que mantiene con sus clientes. En esta ocasión, el curso de formación se ha centrado en explicar cómo pueden combinar varias agendas de contactos y cómo gestionarlas.

2. Cómo importar contactos en *Gmail*

☞ HILO CONDUCTOR

En el curso de formación ofrecido a los trabajadores de Brave Communication, les van a enseñar ahora a importar contactos a *Gmail*. Y es que, al crearse una cuenta nueva para empezar a trabajar con *Google,* necesitan recuperar los contactos que tenían en sus correos anteriores.

Una de las funcionalidades de *Gmail* es la de poder **importar contactos de otras cuentas de correo** para poder tener siempre la agenda disponible.

Así, si se trabaja con dos cuentas de correo electrónico o si se va a empezar a utilizar una nueva, esto siempre es buena opción.

Además, hacerlo es muy sencillo. Para ello, se debe hacer clic en el icono de la rueda que aparece arriba a la derecha en la página principal de *Gmail* y hacer clic en **Configuración.** Una vez allí, hay que ir a la pestaña **Cuentas.**

A continuación, hay que hacer clic en **Importar correo y contactos,** desde donde se abrirá una ventana emergente con los pasos que hay que seguir.

NOTA

Se puede importar desde *Yahoo!, Hotmail, AOL* u otras cuentas.

- -

El **primer paso** es introducir la dirección de correo electrónico desde la cual queremos importar los contactos y hacer clic en **Continuar.**

Una vez hecho esto, aparecerá otra ventana emergente de confirmación y, a continuación, se abrirá una nueva ventana para iniciar sesión desde la plataforma de correo electrónico que se haya elegido. Por ejemplo, si se quieren importar contactos desde una cuenta de *Hotmail,* entonces se abrirá la página principal de *Outlook.*

Al introducir el correo electrónico y la contraseña, se abrirá una ventana de confirmación en la que se solicita permiso para transferir los datos a la cuenta de *Gmail* deseada.

Al aceptar, aparece el siguiente mensaje de *Gmail:*

Autenticación realizada correctamente

Para continuar, cierra esta ventana.

Al cerrar la ventana como se indica, se abre el **segundo paso** para completar la importación: seleccionar qué se desea hacer. Así, se pueden importar los contactos, el correo y el correo nuevo de los próximos 30 días. Se pueden señalar las tres opciones, dos o solo una, a elección de cada usuario. Una vez señalado lo que se desea importar, se hace clic en **Comenzar importación.**

Una vez iniciada la importación, aparece el **tercer paso.** Aquí, se da por hecha la importación y se notifica que el proceso puede tardar algunas horas o días.

Al darle a **Aceptar,** se habrán importado con éxito todos los contactos y correos a la nueva cuenta de *Gmail.*

Se pueden importar contactos y correos de distintas cuentas de correo a la vez, bastará con darle posteriormente a **Importar desde otra dirección** para iniciar el proceso de nuevo.

 ACTIVIDAD COMPLEMENTARIA

6. Inventa una situación en la que creas que sea necesario importar los contactos y los correos (incluso los nuevos de los próximos 30 días) a una cuenta de *Gmail.* Tendrás que plantear la situación poniendo un ejemplo específico de alguien que necesite realizar esa acción.

3. Cómo gestionar contactos en *Google Contactos*

 HILO CONDUCTOR

Una vez han aprendido los trabajadores a importar los contactos en *Gmail,* les van a enseñar a utilizar *Google Contactos* para que esta plataforma se convierta en su agenda digital en el trabajo. Gracias a ella podrán tener a mano todos los contactos con los que trabajan, desde compañeros a clientes, pudiendo incluir los contactos guardados en sus teléfonos móviles.

Google ha incorporado recientemente a su catálogo de aplicaciones la llamada **Google Contactos.** Esta es una nueva plataforma que permite gestionar los contactos desde múltiples dispositivos. Se puede decir que es una especie de agenda de contactos portátil, pues es posible acceder a ella en cualquier momento y en cualquier lugar.

NOTA

Google Contactos permite incorporar en una única plataforma todos los contactos, aunando en cada perfil su número de teléfono, su correo electrónico y demás información que se desee.

Además, cada vez que se actualice un contacto, todos los cambios realizados se **sincronizan de manera automática** en todos los dispositivos que estén vinculados a dicha plataforma.

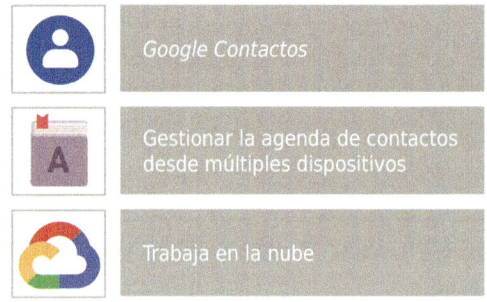

Así, en *Google Contactos* se puede crear un contacto nuevo o importar contactos de otras cuentas.

3.1. Importar contactos

Para importar los contactos desde otro dispositivo o cuenta de correo a esta plataforma lo primero que hay que hacer es iniciar sesión en la cuenta de *Gmail* y, a continuación, acceder a la página principal de *Google Contactos* y hacer clic en **Importar contactos.**

Aquí, es necesario importar los contactos desde un archivo CSV o vCard, por lo que se deberá hacer clic en **Seleccionar archivo** y subir el archivo creado previamente con los contactos.

NOTA

Los archivos CSV pueden crearse directamente desde una hoja de *Excel.*

Si se han importado contactos previamente en *Gmail* desde cualquier otra cuenta de correo, aparecerán sincronizados de manera automática en *Google Contactos.*

3.2. Crear contacto

Crear un contacto nuevo en *Google Contactos* también es muy sencillo. Para empezar, hay que hacer clic en **Crear contacto.**

En la ficha que aparecerá es donde se debe rellenar la información, como nombre, apellidos, teléfono, correo electrónico... Si se hace clic en **Mostrar más,** se desplegará una ventana donde se podrá rellenar mucha más información, desde el apodo hasta la fecha de nacimiento o su dirección postal.

Cuando toda la información deseada esté completa, bastará con hacer clic en **Guardar** para que el contacto esté creado y sincronizado.

RECUERDA

Los contactos aparecen directamente como agenda en la página principal.

3.3. Otras opciones de *Google Contactos*

Google Contactos tiene otras opciones para gestionar la agenda de contactos de manera sencilla y dinámica. Así, algunas de las herramientas que ofrece esta plataforma son:

- ➲ **Frecuentes:** en esta pestaña se pueden ver los contactos con los que se interactúa más veces, para tenerlos más fácilmente localizados.
- ➲ **Otros contactos:** en esta pestaña se agrupan contactos que no han sido importados, pero con los que se ha interactuado en otros servicios de *Google* o correos electrónicos. Se generan y guardan de manera automática cuando *Google* detecta actividad frecuente con este contacto.
- ➲ **Combinaciones y soluciones:** son soluciones prácticas y sugerencias ofrecidas por *Google* Contactos para mejorar el uso de la herramienta.
- ➲ **Importar:** en esta sección se pueden importar contactos desde otras cuentas o dispositivos.
- ➲ **Papelera:** aquí se incluyen los contactos que han sido eliminados. Los contactos que lleven más de 30 días en la papelera, serán eliminados definitivamente.
- ➲ **Etiquetas:** se pueden crear etiquetas para identificar fácilmente a los contactos.

 **APLICACIÓN PRÁCTICA**

Ricardo utiliza un calendario de *Google Calendar* para el trabajo, donde lo tiene sincronizado y lo comparte con todos sus compañeros de equipo. Así, cada semana, los compañeros anotan sus tareas y se organizan ahí para que el resto pueda verlo. Ricardo necesita enviarle un correo a uno de esos compañeros, pero no tiene guardado su contacto. ¿Hay alguna opción en *Google Contactos* para recuperar el contacto de dicho compañero y poder enviarle el correo que necesita?

Solución

En la pestaña **Otros contactos** se agrupan contactos que no han sido importados, pero con los que se ha interactuado en otros servicios de *Google.* Al haber participado juntos en *Google Calendar, Google* ha detectado actividad frecuente con el contacto de su compañero y lo ha guardado en la agenda automáticamente.

 **TAREA 6**

Pilar es la directiva de una empresa de recursos humanos y ha decidido crearse un nuevo correo electrónico desde el que pueda dirigir las comunicaciones más importantes, además de tener a mano todos los contactos de su teléfono móvil y de su correo anterior. Para ello, necesita importar dichos contactos a este nuevo correo electrónico y a una agenda que pueda controlar desde cualquier dispositivo.

Actúa como si fueras Pilar y explica qué debe hacer para conseguir aunar en una agenda virtual todos sus contactos, tanto los del correo electrónico anterior como los de su teléfono móvil.

4. Resumen

Google permite a sus usuarios importar contactos desde otras cuentas y otros dispositivos. Para ello, cuenta con dos maneras de hacerlo:

En *Gmail* se pueden importar contactos desde otra cuenta de correo electrónico, sin importar el servidor al que pertenezcan. Es más, se pueden importar los contactos desde varias cuentas.

Por su parte, *Google Contactos* permite tener una agenda virtual en la nube, la cual se actualiza en todos los dispositivos a los que esté asociada. Así, se pueden importar contactos, exportarlos, editarlos, imprimirlos, etc.

Ambas maneras permiten gestionar los contactos desde cualquier momento, lugar y dispositivo.

Ejercicios de autoevaluación
Unidad de Aprendizaje 6

1. ¿A qué pestaña hay que ir para importar contactos desde *Gmail*?

 a. Cuentas e importación
 b. Importación de cuentas
 c. Otras cuentas
 d. Contactos y agenda

2. ¿Desde qué otras cuentas se puede importar contactos a *Gmail*?

 a. *Yahoo!*
 b. *Hotmail*
 c. *AOL*
 d. Todas las opciones son correctas.

3. El primer paso para empezar a importar contactos en *Gmail* es:

 a. Escribirle un correo a *Google.*
 b. Iniciar sesión en la otra cuenta de correo electrónico.
 c. Suscribirse a la *newsletter.*
 d. Crear otra cuenta en *Gmail.*

4. ¿Qué se puede importar de otra cuenta?

 a. Contactos y correo antiguo.
 b. Contactos y correo nuevo.
 c. Contactos, correo y correo nuevo de los próximos 30 días.
 d. Correo de los próximos 30 días.

5. Indica si la siguiente afirmación es verdadera o falsa: "Se pueden importar contactos y correos de distintas cuentas de correo a la vez".

 ■ Verdadero
 ■ Falso

6. **¿Cómo se llama la agenda digital de *Google* para gestionar contactos?**

>   a. *Google Phone*
>   b. *Google Forms*
>   c. *Google Agenda*
>   d. *Google Contactos*

7. ***Google Contactos* permite…**

>   a. … llamar por teléfono.
>   b. … gestionar la agenda de contactos desde múltiples dispositivos.
>   c. … hacer videollamadas.
>   d. … enviar correos electrónicos.

8. **¿En qué archivo se puede importar contactos a *Google Contactos*?**

>   a. vCard
>   b. EXCE
>   c. CSV o vCard
>   d. CSV o EXCE

9. **¿Cómo se llama la funcionalidad que sirve para crear identificaciones con las que identificar fácilmente a los contactos?**

>   a. Importar
>   b. Papelera
>   c. Combinaciones y soluciones
>   d. Etiquetas

10. **Relaciona cada funcionalidad con lo que permiten realizar:**

>   a. Frecuentes
>   b. Combinaciones y soluciones
>   c. Etiquetas
>   d. Importar
>   e. Otros contactos

— Se agrupan los contactos guardados con los que se tiene más actividad.
— Se ofrecen soluciones prácticas y sugerencias para mejorar el uso de la aplicación.
— Sirven para identificar fácilmente a los contactos.
— Contactos que genera *Google* automáticamente al detectar actividad frecuente con ellos en otras herramientas.
— Importar los contactos a otras cuentas.

Métodos de filtrado, contestación, archivo o eliminación

Contenido

Objetivos

El objetivo general de esta Unidad de Aprendizaje es:

→ Gestionar los correos electrónicos en la bandeja de entrada de *Gmail*.

Los objetivos específicos de esta Unidad de Aprendizaje son:

→ Resumir las funcionalidades de la bandeja de entrada de *Gmail*.

→ Descubrir cómo se hacen envíos masivos.

→ Conocer cómo se archivan o eliminan mensajes.

→ Configurar las respuestas automáticas.

1. Introducción

Gmail permite realizar diferentes funciones con todos los correos electrónicos, pues es una plataforma muy completa. Así, algunas de las acciones que se pueden realizar son **enviar correos masivos, configurar respuestas, eliminar correos o archivarlos.**

De este modo, la opción de enviar correos electrónicos masivos sirve, especialmente, para un ámbito profesional, aunque su configuración es tan sencilla que se ha extendido también a nivel individual.

Por su parte, las **respuestas inteligentes** ayudan a redactar correos mucho más rápidos, ya que estas se configuran en función del contenido del mensaje recibido.

Por último, archivar o eliminar mensajes sirve para ordenar la bandeja de entrada, borrando aquello que no se desea o archivando los correos que se quieren conservar por algún motivo.

Para el desarrollo del contenido, nos centraremos en el caso de Brave Communication, una agencia de comunicación que ha decidido mejorar las comunicaciones internas, así como las que mantiene con sus clientes. En el siguiente paso de la formación, profundizarán en las posibilidades de los correos electrónicos de *Gmail.*

2. Métodos de envío masivo a grupos y contactos

👉 HILO CONDUCTOR

El curso de formación a los trabajadores de Brave Communication se centra, en esta ocasión, en enseñarles las opciones de la bandeja de entrada y de gestión de correos electrónicos que permite *Gmail.* Así, por si alguna vez necesitan enviar el mismo correo a muchos destinatarios, compañeros, clientes, medios de comunicación, etc., les van a enseñar la funcionalidad de enviar correos masivos.

Una de las funcionalidades de la plataforma de correo electrónico de *Gmail* es el envío masivo de correos electrónicos, **tanto a grupos como a contactos.**

DEFINICIÓN

Envío masivo

Enviar el mismo correo electrónico a un gran número de personas. Normalmente, se utiliza como estrategia de *marketing* con las conocidas *newsletter.*

- -

Lo cierto es que *Gmail* ofrece esta opción para ser utilizada tanto por particulares como por profesionales, pues es muy sencilla. Para empezar, hay que ir a la bandeja de entrada y hacer clic en el botón que aparece arriba a la izquierda, **Redactar.**

Así, se abrirá un correo nuevo para empezar a redactarlo. Aquí, se debe redactar el texto que se quiere enviar, así como el asunto del correo electrónico.

Una vez hecho esto, se debe hacer clic sobre la palabra **Para.** Se abrirá un menú en el que aparecerán los contactos que se hayan importado anteriormente o que estén guardados en la agenda de *Google Contactos.*

En esta ventana, hay que elegir a qué contactos se quiere enviar el correo masivo. Por ejemplo, se puede hacer clic en **Seleccionar todo,** para que el correo llegue a toda la agenda que se tiene guardada. Cuando estén seleccionados los receptores deseados, se hace clic en **Insertar.**

Los contactos se habrán insertado automáticamente en el apartado de **Para** y el correo estará listo para ser enviado, para lo que habrá que hacer clic en **Enviar.**

VÍDEO

Puedes ver en el siguiente vídeo cómo se guardan los contactos en la agenda y cómo se hace un envío de un correo electrónico masivo a dichos contactos:

Continúa en página siguiente >>

<< Viene de página anterior

https://redirectoronline.com/ifcm007po0702

APLICACIÓN PRÁCTICA

María del Mar es la encargada de una tienda de ropa que pertenece a una franquicia. Así, cada semana necesita enviar un cuadrante con los horarios a los trabajadores de su tienda. Hasta ahora, enviaba el cuadrante (siendo el mismo documento) uno a uno, pero le han dicho que desde *Gmail* puede hacer un envío masivo. Lo que ocurre es que María del Mar no tiene guardados estos contactos en *Gmail*, los tiene en *Google Contactos. ¿*Es posible realizar igualmente un envío masivo?

Solución

Cuando se vaya a realizar un envío masivo, aparecerán tanto los contactos que se hayan importado anteriormente en *Gmail* como los que estén guardados en la agenda de *Google Contactos.*

---

3. Configurar las respuestas automáticas e inteligentes

 **HILO CONDUCTOR**

Para que los empleados puedan optimizar mejor su tiempo de trabajo, en esta ocasión, en el curso también les enseñan a configurar las respuestas inteligentes

Continúa en página siguiente >>

<< Viene de página anterior

y automáticas de *Gmail*. Además, también les muestran cómo responder a un solo remitente o a todos.

_ _

Gmail permite la generación de respuestas automáticas e inteligentes. Así, contestar un correo electrónico en esta plataforma es muy sencillo, existiendo dos opciones:

Pero además de estas opciones, *Gmail* también incluye la opción de crear una **respuesta inteligente.** Estas respuestas son contestaciones que se generan automáticamente en función del correo que se haya recibido. Para poder utilizar alguna de estas respuestas, bastará con hacer clic en ella, aunque previamente debe configurarse esta opción.

Para ello, hay que llevar a cabo los siguientes pasos:

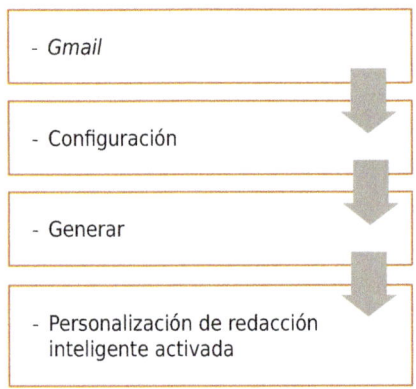

4. Archivar o eliminar correos electrónicos

☞ HILO CONDUCTOR

Por último, en la formación también les enseñan a organizar mucho mejor su bandeja de entrada, archivando y eliminando correos electrónicos. Muchos trabajadores de Brave Communication desconocían la opción de archivado. ¿Qué pueden hacer con ella? ¿Para qué les servirá?

- -

La organización de la bandeja de entrada de *Gmail* permite archivar, silenciar o eliminar los correos electrónicos. De hecho, **archivar un correo electrónico** es una funcionalidad muy llamativa e interesante, ya que permite guardar dichos mensajes en otra carpeta sin que lleguen a estar eliminados.

✎ DEFINICIÓN

Archivar un correo electrónico
Trasladar el correo electrónico a otra carpeta, por lo que no estará visible en la bandeja de entrada, pero sí en la carpeta "Todos". Sirve para guardar correos electrónicos que quieren conservarse sin llegar a ser eliminados.

- -

Para poder archivar un mensaje en *Gmail* hay que ir a la bandeja de entrada, poner el cursor sobre el mensaje deseado y hacer clic en el primer icono **(Archivar)**.

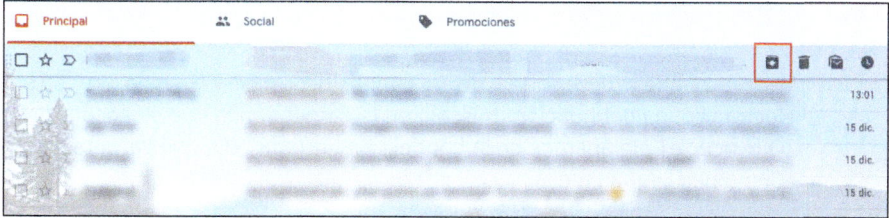

Al pasar el cursor por el mensaje que se quiere archivar, se resalta con un sombreado para destacarlo por encima del resto. A la derecha del mensaje aparecen los iconos.

IMPORTANTE

Aunque el mensaje esté archivado, si alguien responde a él, volverá a aparecer en la bandeja de entrada.

Por su parte, para **eliminar el mensaje** hay dos opciones. La primera es hacer clic en el icono de los tres puntos que aparece a la derecha ("Más") y seleccionar "Eliminar este mensaje".

La segunda opción es más rápida: hay que ir a la bandeja de entrada, poner el cursor sobre el mensaje deseado y hacer clic en el segundo icono **(Eliminar)**.

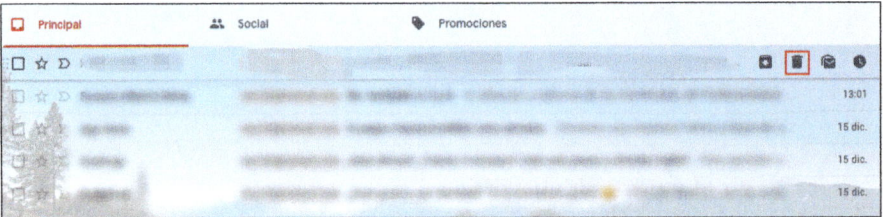

El icono Eliminar hace referencia a una papelera, pues ese es el nombre que recibe la carpeta a la que se trasladará.

Los mensajes eliminados se desplazan a la carpeta "Papelera", donde permanecerán un periodo de 30 días. En ese tiempo, se podrán recuperar los mensajes, pero cuando pasen los 30 días se eliminarán automáticamente.

ACTIVIDAD COMPLEMENTARIA

7. Ve a la bandeja de entrada de tu cuenta de *Gmail* y archiva un correo electrónico. A continuación, búscalo en la carpeta en la que se encontrará. ¿Qué ocurre? ¿Te aparece en la bandeja de entrada? ¿En qué carpeta está? ¿Cómo has llegado a ella?

TAREA 7

Ezequiel es un estudiante que ha empezado segundo de carrera. Durante el verano, ha recibido una serie de correos electrónicos a su cuenta de correo de alumno que no ha revisado hasta que se ha reincorporado en el nuevo curso. Además, nada más incorporarse a la facultad ha sido nombrado delegado de su clase.

Con todo ello, Ezequiel necesita revisar la bandeja de entrada para organizarla adecuadamente de cara al curso que viene. Por un lado, necesita quitar de la bandeja de entrada los correos electrónicos que han sido enviados con fines comerciales, de cursos que no le interesan; por otro lado, quiere guardar aquellos correos electrónicos que tienen que ver con formaciones, cursos o charlas relacionadas con su carrera, para leerlos más adelante, y, por último, necesita enviar un correo electrónico a todos los profesores para avisarles de que va a ser el nuevo delegado de la clase, y así presentarse.

Explica paso a paso qué debe hacer Ezequiel, qué función de *Gmail* le servirá en cada caso y cómo las va a configurar.

5. Resumen

Los correos electrónicos en *Gmail* pueden gestionarse de manera sencilla. Así, esta plataforma ofrece las siguientes funciones:

De esta forma, se puede conseguir una bandeja de entrada personalizada y, sobre todo, ordenada, optimizando mejor el tiempo que se pasa en dicha plataforma. Por tanto, el objetivo de estas funciones se puede resumir de la siguiente manera:

Enviar un correo a muchos destinatarios. Uso particular o profesional.

Configuración de respuestas automáticas para conectar más rápidamente un correo.

Guardar correos electrónicos que quieren ser conservados, pero evitando que aparezcan en la bandeja de entrada.

Eliminar definitivamente los correos que no se quieren. Pasan a la papelera, donde permanecen 30 días.

Ejercicios de autoevaluación
Unidad de Aprendizaje 7

1. El envío masivo de correos hace referencia a...

a. ... el envío de un correo electrónico a dos destinatarios.
b. ... el envío de varios correos electrónicos diferentes a un mismo destinatario.
c. ... el envío del mismo correo electrónico a un gran número de personas.
d. ... el envío del mismo correo electrónico a cuatro destinatarios.

2. Indica si la siguiente afirmación es verdadera o falsa: "Normalmente, el envío masivo de correos se utiliza como estrategia de *marketing* con las conocidas *newsletter*".

■ Verdadero
■ Falso

3. El primer paso para realizar un envío masivo es hacer clic en:

a. Escribir
b. Contactos
c. Redactar
d. Agenda

4. La opción de responder a todos los que están incluidos en la conversación se llama...

a. ... Responder a todos.
b. ... Responder.
c. ... Todos.
d. ... Contestar a todos.

5. Indica si la siguiente afirmación es verdadera o falsa: "Las respuestas inteligentes son contestaciones que se generan automáticamente en función del correo que se haya enviado".

■ Verdadero
■ Falso

6. Ordena cronológicamente la secuencia de pasos para configurar y habilitar las respuestas inteligentes en *Gmail*:

__ Configuración.
__ Personalización de redacción inteligente activada.
__ General.
__ *Gmail.*

7. Cuando se archiva un correo electrónico...

a. ... se mueve a la carpeta de "Papelera".
b. ... se mueve a la carpeta de "Todos".
c. ... se puede recuperar pasados 20 días.
d. ... se mueve a la carpeta "Más".

8. ¿Cuánto tiempo permanecen los mensajes eliminados en la carpeta de "Papelera"?

a. 15 días
b. 20 días
c. 40 días
d. 30 días

9. El icono de "Eliminar" es...

a. ... una papelera.
b. ... una carpeta.
c. ... una flecha.
d. ... una cruz.

10. Relaciona cada función con su definición:

a. Envío masivo
b. Respuestas inteligentes
c. Archivar correos
d. Eliminar correos

__ Eliminar definitivamente los correos que no se quieren. Pasan a la papelera, donde permanecen 30 días.
__ Guardar correos electrónicos que quieren ser conservados, pero evitando que aparezcan en la bandeja de entrada.

— Configuración de respuestas automáticas para contestar más rápidamente un correo.
— Enviar un correo a muchos destinatarios. Uso particular o profesional.

Métodos de organización eficaz

Contenido

Objetivos

El objetivo general de esta Unidad de Aprendizaje es:

→ Conocer los métodos más eficaces de organización de la bandeja de entrada de *Gmail*.

Los objetivos específicos de esta Unidad de Aprendizaje son:

→ Aprender a buscar en *Gmail*.

→ Crear etiquetas en *Gmail*.

→ Configurar las pestañas de *Gmail*.

→ Personalizar la bandeja de entrada en *Gmail*.

1. Introducción

La bandeja de entrada de *Gmail* ofrece al usuario distintas opciones para organizarla y poder utilizarla de manera productiva y eficaz. Así, uno de los métodos para gestionar la bandeja de entrada es la **barra de búsqueda,** lo que permite encontrar los mensajes e información deseada.

Aparte de eso, también existen otras herramientas como las **etiquetas,** las cuales sirven para clasificar los correos por temáticas. Es más, estas etiquetas se pueden personalizar.

Por su parte, se puede organizar la bandeja de entrada por pestañas o con otros estilos predeterminados para ordenar los mensajes recibidos de maneras ya predeterminadas.

Para el desarrollo del contenido, nos centraremos en el caso de Brave Communication, una agencia de comunicación que ha decidido mejorar las comunicaciones internas, así como las que mantiene con sus clientes. La formación continua adentrándose en las posibilidades de *Gmail* para los equipos de trabajo.

2. Métodos de localización rápida de la información en mensajes

👉 **HILO CONDUCTOR**

Una de las opciones de *Gmail* es la búsqueda rápida de información. Esto, como les cuentan en el curso de formación, pueden aplicarlo los empleados de manera constante en su día a día. Les quitará mucho tiempo de búsqueda y optimizarán mejor su jornada laboral.

- -

Gmail incluye un buscador en la bandeja de entrada que permite localizar rápidamente los mensajes e, incluso, información incluida dentro de los mensajes, como palabras específicas. Así, la manera más rápida y fácil de buscar información en *Gmail* es escribir lo que se desea en la **barra de búsqueda** que aparece al inicio.

Apariencia de la barra de búsqueda, la cual está visible en todo el tiempo que se navegue por la bandeja de entrada y las distintas carpetas.

Bastará, por tanto, con introducir el término que se quiere buscar (palabra, remitente, dirección de correo electrónico…) y pulsar la tecla [Intro].

NOTA

Al buscar algo en *Gmail* empleando la barra de búsqueda, aparecerán todos los correos que contengan esa información. Por ejemplo, si se busca "evento", aparecerán todos los correos en los que la palabra "evento" esté presente, ya sea en la dirección, en el asunto o en el cuerpo del mensaje.

- -

A pesar de esto, es posible que **no se encuentre el mensaje deseado.** Para ello, existen otras opciones:

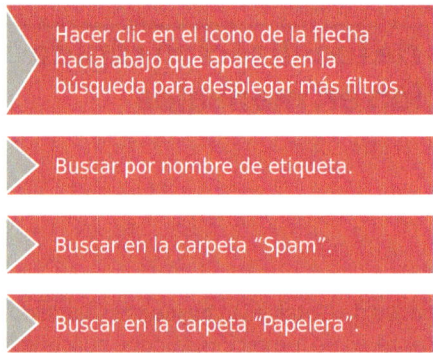

Hacer clic en el icono de la flecha hacia abajo que aparece en la búsqueda para desplegar más filtros.

Buscar por nombre de etiqueta.

Buscar en la carpeta "Spam".

Buscar en la carpeta "Papelera".

NOTA

Gmail ofrece términos de búsqueda a medida que se va escribiendo.

- -

ACTIVIDAD COMPLEMENTARIA

8. Accede a la bandeja de entrada de tu cuenta de *Gmail* y busca los correos de algún remitente en concreto. ¿Cómo lo has hecho? ¿Qué has puesto en la búsqueda? ¿Te han aparecido todos?

3. Métodos de organización de la bandeja de entrada

☞ HILO CONDUCTOR

A los trabajadores de Brave Communication también se les han mostrado algunas herramientas de *Gmail* para organizar la bandeja de entrada y poder trabajar de manera más eficaz. Así, les han comentado que cada trabajador puede personalizar su bandeja en función de sus gustos, preferencias, necesidades, proyectos o clientes.

La bandeja de entrada de *Gmail* se puede organizar de distintas maneras para poder utilizarla de manera productiva y eficaz. Dicha organización se centra en reagrupar los mensajes recibidos de manera que sea fácil para el usuario encontrarlos e interactuar con ellos.

Así, entre algunas de las mejores opciones que existen para ello destacan:

 **RECUERDA**

La bandeja de entrada se puede reorganizar siempre que se quiera, no tiene un diseño fijo.

3.1. Etiquetas

Las etiquetas ayudan a **clasificar y organizar** los correos electrónicos recibidos. De hecho, son las etiquetas las que, en muchas ocasiones, sirven para enviar un correo electrónico a una carpeta u otra.

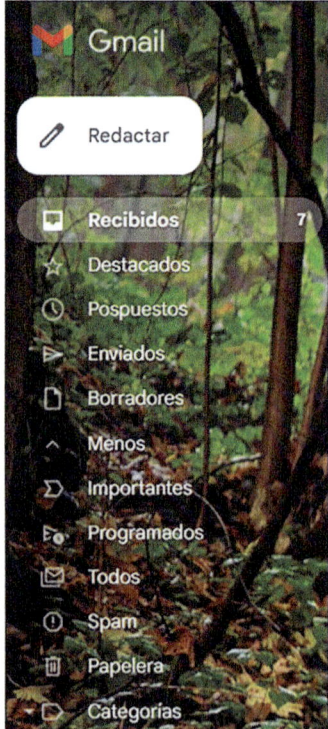

Cada carpeta aparece acompañada de su icono, ya que hay momentos en los que este listado se puede ocultar y dejar visibles únicamente dichos iconos.

NOTA

Las etiquetas pueden incluso personalizarse por colores para que sean más fácilmente reconocibles.

Lo más sencillo para organizar la bandeja de entrada con etiquetas es crear algunas propias. Para ello, hay que hacer clic en **Más,** en el listado que aparece a la izquierda de la bandeja de entrada, y pulsar en **Nueva etiqueta.**

De este modo, se abrirá una ventana emergente desde la que se podrá crear una nueva etiqueta. Se deberá poner el nombre de la etiqueta (por ejemplo, "Trabajo") y es posible seleccionar si se quiere que esa etiqueta se asocie a otra, como bandeja de entrada. Para ello, está la opción de "Anidar etiqueta en". Con esto, habrá que hacer clic en **Crear** para que se quede guardada.

Después de crear una etiqueta, llega el momento de asociarla a un mensaje para poder empezar con la organización. Para ello, se debe abrir el correo electrónico deseado y hacer clic en el penúltimo icono de la barra que aparece arriba del mensaje. Ese icono es el de **Etiquetas.**

Al hacer clic, se abrirá un desplegable con todas las etiquetas que tiene la cuenta, desde las predeterminadas por *Gmail* hasta las creadas. Bastará con seleccionar la etiqueta que se quiere.

NOTA

Al hacer clic en **Administrar etiquetas,** se accede al apartado de "Etiquetas" en la configuración de *Gmail*. Desde ahí, se pueden personalizar las etiquetas, decidiendo cuáles están ocultas y cuáles visibles. Al crear una nueva etiqueta es importante darle a **Mostrar** en este apartado de configuración.

A las etiquetas también se les puede añadir color. Para ello, hay que desplegar el apartado "Categorías", que aparece en el listado de la izquierda de la bandeja de entrada. Así, se harán visibles todas las etiquetas que se utilizan.

Al pasar el ratón por cada una de ellas, aparece un icono de tres puntos a la derecha. Hay que hacer clic en él y, posteriormente, en **Color de la etiqueta,** para seleccionar el color deseado.

 ACTIVIDAD COMPLEMENTARIA

9. Accede a la bandeja de entrada de tu cuenta de *Gmail* y crea una etiqueta llamada "Formación". A esta etiqueta ponle el color azul. Muestra paso a paso cómo lo has hecho y especifica si te ha resultado sencillo o complicado.

3.2. Pestañas

Las pestañas, tal y como se explicó en unidades anteriores, son las que aparecen arriba de la bandeja de entrada y sirven para clasificar los correos electrónicos según su contenido o procedencia. Así, las principales son:

- Principal
- Social
- Promociones

Estas pestañas pueden modificarse, haciendo que aparezcan algunas y ocultando otras. Para ello, hay que hacer clic en el icono de **Configuración** y pulsar **Configurar bandeja de entrada.**

Se abrirá, de este modo, una ventana emergente en la que se podrán seleccionar las pestañas que se desea que aparezcan o cuáles se quieren ocultar, para personalizar la bandeja de entrada.

3.3. Organización de la bandeja de entrada

Más allá de las dos opciones comentadas anteriormente, también existe otra funcionalidad muy interesante, y es que se puede personalizar la bandeja de entrada, de manera que se configure cómo se quiere que se ordenen los correos electrónicos que van llegando.

De esta forma, por ejemplo, se puede organizar para que todos los correos no leídos se junten en la parte de arriba, separados de los que sí han sido leídos, o que aparezcan primero los destacados. Así, se puede organizar la bandeja de entrada de las siguientes formas:

Predeterminada
- La bandeja de entrada predeterminada es la que viene configurada por defecto en todas las cuentas de *Gmail*. Aquí el orden es sencillo: los correos electrónicos se almacenan por orden de llegada.

Importantes primero
- Con esta organización, los correos electrónicos que tengan la etiqueta de importante se organizan juntos en la parte de arriba de la bandeja de entrada.

No leídos primero
- Con esta organización, los correos electrónicos que no estén leídos se organizan juntos en la parte de arriba de la bandeja de entrada, para que sea más fácil detectarlos.

Destacados primero
- Esta organización permite que los correos electrónicos que hayan sido marcados como destacados se organicen en la parte superior de la bandeja de entrada, antes que el resto.

Prioritarios
- Con esta opción, los correos electrónicos de la bandeja de entrada se separan en tres secciones: "Importantes y no leídos", "Destacados" y "Todo lo demás".

Para ello, hay que acceder al apartado de **Configuración** y hacer clic en la pestaña de **Recibidos.** Al principio, aparece la opción de "Tipo de bandeja de entrada", que, por defecto, estará marcada en "Predeterminada".

Se hace clic en el desplegable y aparecerán todas las opciones, pudiendo elegir la que se prefiera.

APLICACIÓN PRÁCTICA

Rubén es un empresario que utiliza diariamente su correo electrónico. En los últimos meses, está embaucado en un proyecto nuevo muy importante para su negocio. Así que a todos los correos que tienen que ver con dicho proyecto les ha insertado la etiqueta de "Importante". Pero lo cierto es que estos correos se mezclan con el resto de mensajes que recibe cada día. ¿Tiene Rubén alguna manera de organizar su bandeja de entrada para que los correos de este proyecto se junten y aparezcan al principio?

Solución

Una de las funcionalidades que ofrece *Gmail* para organizar la bandeja de entrada es la de poner los "Importantes primero". Al tener la etiqueta "Importante", todos los correos que Rubén comparte para su proyecto aparecerán siempre primero.

- -

TAREA 8

Olga es una profesora universitaria que da clase de comunicación social a los alumnos de segundo curso de los grados de Periodismo, Publicidad y Comunicación Audiovisual. Además, también es profesora de dirección de comunicación en el máster de Comunicación *Online*. Cada día, envía y recibe una gran cantidad de correos electrónicos de sus alumnos y alumnas, además de otros de la propia universidad y demás compañeros.

Explica cómo puede Olga organizar la bandeja de entrada para que sea más eficaz a la hora de trabajar y pueda tenerla más ordenada. ¿Puede crear etiquetas? ¿Cuáles? ¿Puede clasificar las pestañas? ¿Y ordenar los correos recibidos?

- -

4. Resumen

La bandeja de entrada se puede organizar de la siguiente manera:

- Búsqueda
- Etiquetas
- Pestañas
- Organización de la bandeja de entrada

Así, cada una de estas opciones permite diseñar y configurar una bandeja de entrada completamente personalizada para cada usuario. De esta forma, *Gmail* permite un uso organizado y eficaz, optimizando todo el tiempo que se trabaje en dicha plataforma.

Con todo, cada una de las funciones permite:

Búsqueda
- Buscar términos u otra información en los mensajes recibidos.

Etiquetas
- Palabras clave para clasificar los mensajes recibidos.

Pestañas
- Carpetas creadas automáticamente por *Gmail* para organizar los mensajes según su contenido.

Organización de la bandeja de entrada
- Permite organizar los mensajes por etiquetas, no leídos, prioritarios...

Ejercicios de autoevaluación
Unidad de Aprendizaje 8

1. Indica si la siguiente afirmación es verdadera o falsa: "Al hacer clic en el icono de la flecha hacia abajo, que aparece en la barra de búsqueda, se despliegan más filtros de búsqueda".

   ■ Verdadero
   ■ Falso

2. Si no se encuentra el mensaje deseado al utilizar la barra de búsqueda, se puede...

   a. ... buscar por nombre de etiqueta.
   b. ... buscar en la carpeta "Spam".
   c. ... buscar en la carpeta "Papelera".
   d. Todas las opciones son correctas.

3. La bandeja de entrada...

   a. ... tiene un diseño fijo.
   b. ... se puede reorganizar siempre que se quiera.
   c. ... ocupa mucho espacio.
   d. ... se puede reorganizar hasta tres veces.

4. ¿Qué nombre recibe la acción de asociar una etiqueta a otra?

   a. Anidar
   b. Juntar
   c. Aunar
   d. Etiquetar

5. Indica si la siguiente afirmación es verdadera o falsa: "Las etiquetas no pueden personalizarse por colores".

   ■ Verdadero
   ■ Falso

6. El icono de "Etiquetas" es:

    a. Una carpeta con la flecha hacia la derecha.
    b. Un reloj.
    c. Una señal de advertencia.
    d. Una etiqueta hacia la derecha.

7. Las principales pestañas son:

    a. Principal
    b. Social
    c. Promociones
    d. Todas las opciones son correctas.

8. ¿Cuál de las siguientes no es una forma de las que se puede organizar la bandeja de entrada?

    a. Predeterminada
    b. Destacados primero
    c. Exclusivos
    d. Prioritarios

9. Las pestañas se pueden configurar en:

    a. Configuración de pestañas.
    b. Configuración general.
    c. Configuración bandeja de entrada.
    d. Configuración de etiquetas.

10. Para crear una etiqueta nueva hay que hacer clic en el listado que aparece en la bandeja de entrada. ¿En qué parte de la bandeja se encuentra este listado?

    a. En la derecha
    b. En la izquierda
    c. En el centro
    d. Arriba

Gestión eficaz del correo electrónico de uso profesional

Contenido

Objetivos

El objetivo general de esta Unidad de Aprendizaje es:

→ Configurar *Gmail* para un uso profesional del correo electrónico.

Los objetivos específicos de esta Unidad de Aprendizaje son:

→ Detallar las funcionalidades de *Gmail* en el ámbito profesional.

→ Definir la plataforma *Google Workspace.*

→ Indicar las ventajas de la plataforma *Google Workspace.*

1. Introducción

El **correo electrónico** es una herramienta necesaria en cualquier ámbito profesional, pues este permite estar en contacto tanto con los clientes como con proveedores u otros compañeros de trabajo. Por tanto, tener a mano una plataforma que permite una gestión profesional es casi vital.

Gmail cuenta con algunas opciones que ayudan a cualquier profesional, autónomo o miembro de una empresa, a utilizar el correo electrónico de una manera tan eficaz como corporativa. Así, crear una firma, plantillas estándar o aumentar las posibilidades con complementos o extensiones son funciones que tener en cuenta.

Además de todo ello, *Google* también ofrece una plataforma llamada **Google Workspace,** la cual está especialmente enfocada al mundo profesional o laboral. Esta plataforma permite trabajar en equipo desde cualquier dispositivo y lugar, ofreciendo diferentes aplicaciones para crear y editar documentos, presentaciones o para ponerse en contacto con otras personas.

Para el desarrollo del contenido, nos centraremos en el caso de Brave Communication, una agencia de comunicación que ha decidido mejorar las comunicaciones internas, así como las que mantiene con sus clientes.

2. Consejos para darle un uso profesional a *Gmail*

 HILO CONDUCTOR

El curso de formación ofrecido en Brave Communication ya ha abordado en profundidad las diferentes posibilidades de *Gmail,* pero es el momento de enfocar esta plataforma a sus amplias posibilidades en el ámbito profesional. ¿Cómo pueden configurarla para que sea una herramienta profesional y no un mero correo electrónico personal?

Gmail es una plataforma de correo electrónico que es especialmente interesante para ser utilizada en el **ámbito profesional.** Así, todas las funcionalidades de las que dispone permiten a los usuarios una gestión eficaz de su correo electrónico, pudiendo atender todo tipo de gestiones, mensajes, clientes y demás, con un tono mucho más serio y profesional.

De este modo, es cierto que se le puede sacar mucho partido a cualquier cuenta gratuita de *Gmail* para ser empleada a nivel profesional si se tienen en cuenta una serie de consejos o recomendaciones:

- **Crear una firma:** crear y configurar una firma de correo electrónico que aparezca automáticamente en todos los mensajes es tan básico como necesario para un perfil profesional. Se puede añadir la despedida, el nombre completo y algunos datos de contacto.
- **Utilizar respuestas automáticas:** configurar las respuestas automáticas permite contestar correos de manera rápida y eficaz, sin perder tiempo, pero sin dejar por contestar ningún mensaje. Igualmente, se puede configurar respuestas para avisar de que, por ejemplo, estás ausente durante tus vacaciones para que *Gmail* conteste automáticamente a los correos que lleguen en ese periodo.
- **Crear plantillas de respuestas estándar:** las plantillas en *Gmail* permiten elaborar correos predeterminados para aquellos mensajes que se suelan enviar a menudo y sean similares. Así, cuando se tiene poco tiempo, es posible acudir a estas plantillas para redactar los correos y enviarlos directamente. Son muy interesantes para mensajes genéricos.
- **Utilizar etiquetas:** las etiquetas, como ya hemos visto, ayudan a organizar de manera más eficaz la bandeja de entrada.
- **Utilizar filtros:** los filtros de *Gmail* permiten ordenar la bandeja de entrada, filtrando aquellos mensajes que no se desean, archivarlos o diversas funcionalidades más que, de hacerlo de otra manera, pueden quitar mucho tiempo a lo largo de la jornada laboral.
- **Instalar complementos de *Gmail:*** los complementos de *Gmail* se pueden convertir en grandes aliados en lo que a uso profesional de la plataforma se refiere. Así, algunos de estos complementos permiten trabajar en grupo, organizar tareas, crear facturas... Ayudan, en definitiva, a añadir funcionalidades extras al correo para optimizar el trabajo.
- **Utilizar extensiones de *Chrome:*** las extensiones de *Chrome* también pueden ser grandes aliadas. De hecho, algunas de estas aplicaciones ayudan a bloquear anuncios, seguir mensajes y muchas acciones más que pueden añadirse a la bandeja de entrada.
- **Silenciar conversaciones:** silenciar conversaciones puede ser muy útil para ocultar hilos de mensajes que no van a llegar a ningún puerto, pero están ocupando espacio en la bandeja de entrada. Al silenciarlas no se eliminan, por lo que siempre es posible volver a recurrir a estas conversaciones.

NOTA

Google cuenta con una aplicación llamada *Google Workspace*, orientada a equipos profesionales, en la que se incluyen los principales servicios de *Google* para facilitar las tareas a los equipos de trabajo.

ACTIVIDAD COMPLEMENTARIA

10. Escribe una firma de correo profesional, imaginando que la vas a utilizar en tu cuenta de *Gmail* para tu puesto de trabajo. ¿Qué pondrás para hacerla lo más profesional y completa posible? ¿Qué información no has dejado o cuál has decidido añadir, además de la básica? ¿Por qué?

----

3. *Google Workspace*

HILO CONDUCTOR

A los trabajadores de Brave Communication también les enseñan las posibilidades de la plataforma *Google Workspace;* una plataforma que les ayudará a gestionar de manera más eficiente su trabajo en equipo. ¿Qué ventajas tiene? ¿Por qué es positiva para empresas que trabajan de esta manera?

Google Workspace es una aplicación de *Google* que integra, de manera más fluida, las herramientas que necesita todo equipo de trabajo y organización empresarial. Por lo tanto, es un servicio que se orienta a autónomos, pequeñas y medianas empresas, o grandes organizaciones.

NOTA

Google Workspace es una extensión de pago. Así, abonando una cuota mensual, se puede acceder a todos sus servicios. Hay tres planes diferentes, cada uno de ellos adaptados a las diferentes necesidades que pueden tener las empresas.

Las **funcionalidades** principales de *Google Workspace* se pueden resumir de la siguiente manera:

- **Conectar:** ayuda a contactar a los compañeros de trabajo, estén donde estén.
- **Crear:** incluye aplicaciones para llevar a cabo todos los proyectos de principio a fin. Permite trabajar con todas las herramientas necesarias de *Google* desde un único lugar.
- **Acceder:** permite guardar los archivos en la nube y encontrar lo que se busca al instante.
- **Controlar:** se pueden gestionar usuarios, dispositivos y datos de forma segura y sencilla.

VÍDEO

Puedes conocer mejor qué es y cómo funciona *Google Workspace* visualizando el siguiente vídeo:

https://redirectoronline.com/ifcm007po0903

En definitiva, *Google Workspace* permite que el trabajo en equipo sea más fácil, controlado y organizado para todos los miembros. Se pueden señalar una serie de características o **ventajas** que hacen de esta plataforma un aliado perfecto en el ámbito profesional:

Ayuda a tomar decisiones más rápido

- *Google Workspace* ofrece calendarios compartidos, además de programar reuniones con invitaciones automáticas a través de correo electrónico. Esto permite realizar reuniones en cualquier momento y desde cualquier lugar, pudiendo tomar decisiones más rápido con el equipo.

Permite colaborar en tiempo real

- Cuenta con aplicaciones de documentos, hojas de cálculo y presentaciones que se pueden abrir desde todos los dispositivos y por varios usuarios a la vez. Esto ayuda a conseguir una colaboración en tiempo real, pues todos los compañeros de equipo pueden abrir un documento y editarlo a la vez. Se irá modificando y guardando automáticamente.

Almacena y comparte archivos en la nube

- Todo se puede guardar en un único lugar con un acceso seguro desde cualquier dispositivo. Además, se puede invitar a otros usuarios para que vean los archivos guardados y puedan trabajar con él, sin necesidad de enviar documentos adjuntos a través del correo electrónico.
- Todo ello se almacena automáticamente en *Drive*.

Protege los datos y dispositivos

- *Google Workspace* ofrece opciones de seguridad muy interesantes para poder proteger los datos de la empresa y de los trabajadores.

 **APLICACIÓN PRÁCTICA**

Fernando está preparando una campaña publicitaria en redes sociales para poner en marcha para Navidad. Para ello, está preparando un documento en el que se especifican las acciones que se van a llevar a cabo, en qué tiempo y quiénes van a ser los encargados de cada tarea. Asimismo, hay un apartado para que cada trabajador de su equipo vaya

Continúa en página siguiente >>

<< Viene de página anterior

actualizando cuando una tarea esté completada o anote observaciones si las hubiera. ¿Existe en *Google Workspace* alguna herramienta o aplicación en la que se pueda almacenar este documento e ir actualizándose por todos los miembros del equipo, incluso de manera simultánea?

Solución

Google Workspace cuenta con aplicaciones de documentos, hojas de cálculo y presentaciones que se pueden abrir desde todos los dispositivos y por varios usuarios a la vez. Esto permite una colaboración en tiempo real, pues todos los compañeros de equipo pueden abrir un documento y editarlo a la vez. Se irá modificando y guardando automáticamente.

 TAREA 9

Almudena gestiona una revista digital, por lo que cuenta con diversos redactores colaboradores, pero sin tener una oficina física. Es decir, se caracteriza por el teletrabajo. A pesar de eso, le gusta contar con un equipo que se pone al día de manera semanal, a través de videollamadas, reuniones y compartiendo un calendario. Además, suele crear un *planning* de tareas semanal que va enviando a sus colaboradores y estos le van respondiendo si las tareas están listas o no.

Si bien es cierto que llevan dos años trabajando, han empezado a ganar notoriedad recientemente, por lo que ahora quiere unificar la imagen profesional de todo su equipo y mejorar, además, el trabajo en conjunto.

Deberás contar cómo pueden, Almudena y su equipo, dar una imagen más profesional y uniforme como empresa con *Gmail* y qué herramientas pueden utilizar para mejorar dicho trabajo en equipo.

---

4. Resumen

Gmail cuenta, entre sus funciones, con diferentes herramientas para poder utilizar el correo electrónico de una manera más eficaz orientada al **ámbito profesional.** Algunas de estas herramientas son:

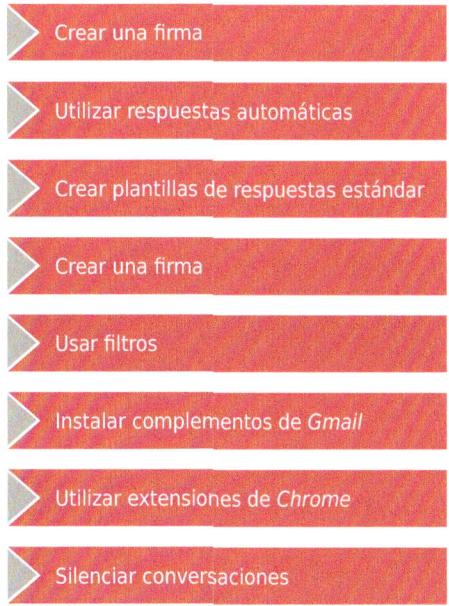

Además de esto, *Google* ofrece a los usuarios otra plataforma de pago para gestionar los equipos de trabajo, poniendo a su disposición un amplio número de aplicaciones para colaborar en la nube y de manera simultánea. Esta herramienta se llama **Google Workspace** y ofrece las siguientes ventajas:

- ➲ Ayuda a tomar decisiones más rápido.
- ➲ Permite colaborar en tiempo real.
- ➲ Almacena y comparte archivos en la nube.
- ➲ Protege los datos y dispositivos.

Ejercicios de autoevaluación
Unidad de Aprendizaje 9

1. Indica si la siguiente afirmación es verdadera o falsa: *"Gmail* permite, de manera gratuita, ser empleado a nivel profesional si se tienen en cuenta una serie de consejos o recomendaciones".

   ■ Verdadero
   ■ Falso

2. Relaciona cada acción con su definición:

   a. Crear una firma.
   b. Utilizar respuestas automáticas.
   c. Crear plantillas de respuestas estándar.
   d. Utilizar extensiones de *Chrome.*

   __ Permite contestar correos de manera rápida y eficaz, sin perder tiempo, pero sin dejar por contestar ningún mensaje.
   __ Permiten elaborar correos predeterminados para aquellos mensajes que se suelan enviar a menudo y sean similares.
   __ Añadir la despedida, el nombre completo y algunos datos de contacto que aparezcan de manera automática al final de todos los correos electrónicos que se envíen.
   __ Algunas de estas aplicaciones ayudan a bloquear anuncios, seguir mensajes y muchas más que pueden añadirse a la bandeja de entrada.

3. Cuando se ocultan hilos de mensajes que no van a llegar a ningún puerto se está...

   a. ... archivando conversaciones.
   b. ... filtrando conversaciones.
   c. ... silenciando conversaciones.
   d. ... etiquetando conversaciones.

4. *Google Workspace* es:

   a. Una plataforma de correo electrónico de pago.
   b. Una solución laboral para la organización y gestión de equipos.

c. Una extensión de *Chrome*.

d. Una aplicación en la nube.

5. Indica si la siguiente afirmación es verdadera o falsa: "Pagando una cuota semanal se puede acceder a todos los servicios de *Google Workspace*".

- Verdadero
- Falso

6. Relaciona cada funcionalidad con su definición:

a. Conectar.

b. Crear.

c. Acceder.

d. Controlar.

__ Permite guardar los archivos en la nube y encontrar lo que se busca al instante.

__ Se pueden gestionar usuarios, dispositivos y datos de forma segura y sencilla.

__ Incluye aplicaciones para llevar a cabo todos los proyectos de principio a fin.

__ Ayuda a contactar a los compañeros de trabajo, estén donde estén.

7. *Google Workspace* permite...

a. ... tomar decisiones más rápido.

b. ... colaborar en tiempo real.

c. ... almacenar y compartir archivos en la nube.

d. Todas las opciones son correctas.

8. La plataforma en la que se guardan los documentos en la nube de *Google Workspace* se llama...

a. ... *Drove.*

b. ... *Docs.*

c. ... *Finder.*

d. ... *Drive.*

9. **Las funcionalidades extras que se pueden añadir a *Gmail* se llaman...**

    a. … extras.
    b. … complementos.
    c. … filtros.
    d. … tareas.

10. **La funcionalidad de cuidar los datos de la empresa y los trabajadores en *Google Workspace* se llama...**

    a. … verificación en dos pasos.
    b. … inicio de sesión seguro.
    c. … proteger los datos y dispositivos.
    d. … reestablecer opciones de seguridad.

Estrategias de gestión adecuada de comunicaciones por correo electrónico, para evitar saturación o sobredimensionamiento de las comunicaciones

Contenido

Objetivos

El objetivo general de esta Unidad de Aprendizaje es:

→ Optimizar el tiempo dedicado al uso del correo electrónico.

Los objetivos específicos de esta Unidad de Aprendizaje son:

→ Mostrar cómo reducir la adicción al correo electrónico.

→ Conocer cómo gestionar el tiempo dedicado al correo electrónico.

→ Sintetizar las claves para una redacción adecuada de un correo electrónico.

1. Introducción

Una gestión adecuada del correo electrónico también pasa por saber consultarlo de manera eficiente sin caer en adicciones. Así, tener en cuenta una serie de consejos y hábitos puede hacer que la tarea de consultar el correo electrónico sea **ordenada y productiva,** favoreciendo en todo momento al correcto desarrollo de la jornada laboral.

Asimismo, también es importante considerar el **contenido** de los correos electrónicos, es decir, la redacción de los mensajes que se envían.

En este sentido, hay que recordar, en primer lugar, las normas básicas de redacción y convivencia que rigen internet, las cuales vienen reguladas por la **Netiqueta.** Por otra parte, es necesario cuidar la ortografía y la gramática de los textos enviados.

Pero eso no es todo: también se deben seguir una serie de fórmulas o recomendaciones comunes a la hora de redactar un correo electrónico para generar confianza y buena imagen en el receptor.

Para el desarrollo del contenido, nos centraremos en el caso de Brave Communication, una agencia de comunicación que ha decidido mejorar las comunicaciones internas, así como las que mantiene con sus clientes. Cerca del final del curso de formación, se enseñará a los trabajadores a utilizar el correo electrónico de manera más profesional y productiva.

2. Consulta efectiva y planificada del correo para evitar distracciones y adicción

☞ HILO CONDUCTOR

Uno de los problemas que tienen los profesionales a la hora de gestionar el correo electrónico en su jornada laboral es que pierden mucho tiempo, llegando a tener cierta adicción por querer revisarlo continuamente, incluso desde su teléfono móvil. En el curso de formación, comentan a los trabajadores de Brave Communication algunos consejos para evitar distracciones y adicción.

Una de las principales cuestiones que tener en cuenta a la hora de consultar y gestionar el correo electrónico es que debe hacerse de manera efectiva y planificada. De lo contrario, se puede caer en distracciones que repercutirán, especialmente, en la productividad.

NOTA

Contar con unos hábitos ordenados y organizados para consultar el correo electrónico mejora la eficiencia en el trabajo y ayuda a reducir los niveles de dependencia.

Así, algunas de las **técnicas para evitar distracciones** con el *e-mail* del trabajo son las siguientes:

- **No comprobar el correo en todo momento:** la mejor manera para evitar distracciones a la hora de revisar el correo electrónico es, cómo no, tratar de no revisarlo en todo momento. Esta práctica puede hacer que se pierda mucho tiempo a lo largo de la jornada laboral.
  Para ello, se recomienda revisar el correo electrónico dos veces: al empezar a trabajar y al terminar. De esta manera, se podrán comprobar los temas que necesitan ser tratados durante la jornada y si ha surgido algo nuevo en ese tiempo.
- **No utilizar el correo como herramienta para conversar:** el correo electrónico es una herramienta para tratar cuestiones importantes, especialmente en el ámbito profesional. Por eso, es esencial no utilizar los *e-mails* para mantener conversaciones. En esos casos, es mejor emplear cualquier herramienta de mensajería instantánea, recurrir a una llamada telefónica u organizar una videollamada.
- **Cancelar la suscripción a las *newsletter* que no se leen:** un tiempo muy valioso se pierde a la hora de comprobar o borrar correos electrónicos de boletines a los que se realizó la suscripción una vez y ya no se leen. Esto permitirá ahorrar tiempo a la hora de navegar entre diferentes correos, así como ahorrar espacio en la propia bandeja de entrada.
- **Utilizar filtros:** los filtros pueden ayudar a diferenciar los correos que son importantes o prioritarios de los que no. Por eso, estos filtros facilitarán la gestión del correo electrónico, ya que permitirán enfocar la atención en lo verdaderamente importante y dejando para otro momento la lectura de aquellos correos que no lo son.
- **Deshabilitar las notificaciones del correo en el teléfono móvil:** uno de los principales pecados a la hora de convertirse en un adicto al correo

electrónico es tenerlo asociado al teléfono móvil y permitir las notificaciones. Esto es especialmente peligroso si el teléfono móvil es el personal. Por lo tanto, desactivar las notificaciones del correo electrónico en el teléfono móvil permitirá no estar pendiente en todo momento de los correos, pudiendo desconectar del trabajo.

● **No utilizar un icono de acceso rápido:** del mismo modo, contar con un icono de acceso rápido en el ordenador es muy tentador, por lo que hará que se consulte el correo electrónico de manera más repetida, perdiendo así mucho tiempo. Lo más recomendable es no contar con un acceso rápido y acceder únicamente al correo en el tiempo estipulado para ello.

● **Aprender a detectar qué necesita el remitente de manera rápida:** a veces, también se pierde mucho tiempo releyendo correos electrónicos para saber si se necesita dar una respuesta inmediata o puede esperar. De este modo, es una habilidad el intentar determinar de manera más rápida lo que el remitente necesita.

Las preguntas que se pueden realizar para detectar rápidamente qué requiere el correo son las siguientes:

   ↻ ¿Qué significa este mensaje?
   ↻ ¿Qué acción requiere este mensaje?
   ↻ ¿Cuál es la manera más rápida de cerrar el asunto de este mensaje?

SABÍAS QUE...

Gmail cuenta con una extensión en *Chrome* que permite ocultar la bandeja de entrada. Esta aplicación, llamada *Inbox When Ready,* se encarga de esconder la bandeja de entrada y mostrarla únicamente cuando el usuario está completamente preparado.

- -

ACTIVIDAD COMPLEMENTARIA

11. Explica cuáles son tus trucos para no distraerte en exceso a la hora de consultar el correo electrónico. ¿Sigues alguna de las ideas nombradas anteriormente? ¿Vas a poner en práctica alguna de ellas?

- -

3. Recomendaciones prácticas para la redacción de mensajes

👉 HILO CONDUCTOR

Además, en el curso también comentan a los trabajadores algunas recomendaciones para redactar sus mensajes adecuadamente y que ofrezcan una buena imagen de la empresa. Así, se incluyen desde especificaciones ortográficas a fórmulas de saludo o despedida.

El correo electrónico es, en la mayoría de las ocasiones, **la carta de presentación de cualquier empresa o profesional.** Por lo tanto, una redacción adecuada en la que se respeten las normas ortográficas y gramaticales es totalmente necesaria.

NOTA

Un correo electrónico en el que se cometan faltas de ortografía puede generar desconfianza en el interlocutor.

Si bien es cierto que en internet se puede encontrar una escritura más informal, como es el caso de los foros o blogs, eso no quiere decir que se pueda descuidar la redacción en los correos electrónicos. Estos necesitan una escritura formal y profesional.

VÍDEO

En internet hay unas reglas de comportamiento, en las que se incluyen algunas normas de escritura, y estas se conocen como la Netiqueta. Puedes conocer dichas reglas visualizando el siguiente vídeo:

Continúa en página siguiente >>

<< Viene de página anterior

https://redirectoronline.com/ifcm007po1003

De este modo, cuidar la redacción de correos electrónicos es tan importante para generar confianza en el cliente como para conseguir el efecto esperado en el interlocutor. Por tanto, para empezar, hay que seguir los siguientes **consejos para la redacción de mensajes:**

- **Darle importancia al título:** el título es lo primero que va a ver el destinatario, por lo que este debe cuidarse. En definitiva, el título debe simplificar de manera clara y concisa el objetivo del correo.
- **Saludo atemporal:** es interesante utilizar un saludo atemporal, ya que no se sabe en qué momento del día va a leer el correo el destinatario. Por ejemplo, algunos saludos pueden ser: "Buen día", "Estimado", "Hola" o similares.
- **Hay que ser conciso y sencillo:** normalmente, los correos electrónicos se utilizan para comunicar cuestiones de manera más o menos breve, por lo que es importante que el texto del mensaje sea sencillo y conciso. Hay que presentar de forma clara la información, intentando siempre que el cuerpo del mensaje no supere los tres párrafos.
  Además, hay que apostar siempre por la sencillez, evitando jugar con emoticonos, colores o diferentes tipografías de texto.
- **Siempre incluir despedida:** no importa si el correo es formal o informal: la despedida es obligatoria. Así, una adecuada despedida es sinónimo de profesionalidad y educación. No es necesario que sea algo elaborado, por lo que fórmulas como "Saludos cordiales" pueden ser más que suficientes.
- **Cuidar la ortografía:** cómo no, cuidar la ortografía a la hora de redactar un correo electrónico es muy importante, pues esta será el reflejo de la empresa y del profesional que está escribiendo el texto. Por eso, es importante revisar la redacción antes de enviar el correo, para no cometer errores y no ofrecer una mala imagen.
- **Tener en cuenta el destinatario:** es igualmente necesario tener en cuenta el destinatario del correo electrónico, pues no se escribirá en

los mismos términos a un compañero de trabajo para solicitarle algo urgente que a un proveedor, por ejemplo.

- **No utilizar mayúsculas:** las mayúsculas son sinónimo de gritos, así que es mejor evitarlas si no se quiere ofender al destinatario.

APLICACIÓN PRÁCTICA

Raúl ha recibido un correo electrónico de su compañero de trabajo Juan, en el que le solicitaba que le enviara los archivos originales para editar un logotipo para un cliente. Raúl ha respondido lo siguiente: "OK. ADJUNTADOS". ¿Es esto correcto?

Solución

La opción correcta sería "Hola, Ok. Adjuntados. Saludos", ya que se ha evitado escribir todo el mensaje en mayúsculas y ha introducido fórmulas de saludo y despedida, independientemente de que sea su compañero de trabajo.

- -

TAREA 10

Carmen es la secretaria en una clínica de fisioterapia. Para comunicarse con algunos de los fisioterapeutas que trabajan en la clínica utiliza el correo electrónico, especialmente los viernes a última hora para recordarles las citas que tendrán la próxima semana. Estas citas las envía a través de un documento adjunto en el propio correo electrónico.

Además de eso, a veces también recibe citas a través del mismo correo electrónico, ya que también trabajan con una página web.

Explica cómo puede ser la jornada de Carmen para que sea productiva sin perder tiempo en el correo electrónico. Escribe el correo electrónico que le envía al fisioterapeuta Jesús recordándole las citas de la semana próxima, atendiendo a las recomendaciones de redacción. ¿Qué hábitos puede seguir Carmen para no distraerse? ¿Cuál será el texto del mensaje?

- -

4. Resumen

El uso adecuado y productivo del correo electrónico, especialmente en el ámbito laboral, pasa por seguir una serie de recomendaciones que ayuden a evitar la adicción y permitan la optimización del tiempo.

- ➲ No comprobar el correo en todo momento.
- ➲ No utilizar el correo como herramienta para conversar.
- ➲ Cancelar la suscripción a las *newsletter* que no se leen.
- ➲ Utilizar filtros.
- ➲ Deshabilitar las notificaciones del correo en el teléfono móvil.
- ➲ No utilizar un icono de acceso rápido.
- ➲ Aprender a detectar qué necesita el remitente de manera rápida.

Asimismo, es importante cuidar la redacción en los mensajes enviados a través del correo electrónico, pues ello también ayuda a mejorar la imagen de la empresa. Pero lo primero que se debe tener en cuenta para ello es la Netiqueta.

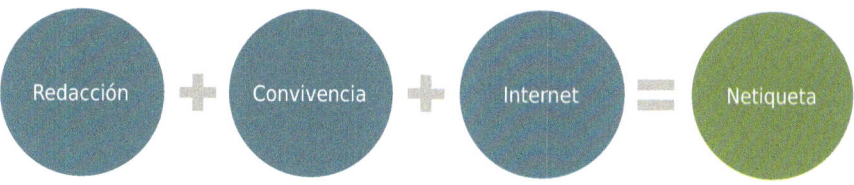

Una vez conocidas las normas básicas de redacción y comunicación en internet, es importante adaptarlas, junto a otras ideas, para conseguir correos electrónicos efectivos y educados.

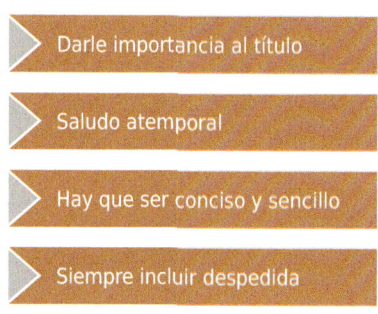

Continúa en página siguiente >>

<< Viene de página anterior

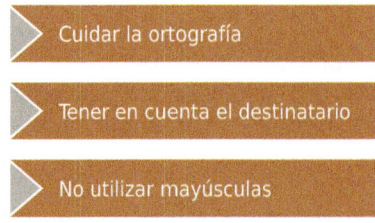

Ejercicios de autoevaluación
Unidad de Aprendizaje 10

1. Indica si la siguiente afirmación es verdadera o falsa: "Si no se gestiona el correo de manera efectiva y planificada se puede caer en distracciones que repercutirán, especialmente, en la productividad".

   - Verdadero
   - Falso

2. Los niveles de dependencia al correo electrónico se pueden reducir con...

   a. ... alarmas para revisar el correo electrónico.
   b. ... hábitos ordenados y organizados para consultarlo.
   c. ... la contratación de un gestor que se encargue de leer los correos electrónicos.
   d. ... un plan *Premium* de la plataforma de correo electrónico habitual.

3. ¿Cuál de las siguientes es una técnica para evitar distracciones con el *e-mail* del trabajo?

   a. Utilizar filtros.
   b. No utilizar un icono de acceso rápido.
   c. No comprobar el correo en todo momento.
   d. Todas las opciones son correctas.

4. La extensión de *Chrome* que permite ocultar la bandeja de entrada se llama:

   a. *Inbox When Can*
   b. *Ready For Inbox*
   c. *Occult Inbox*
   d. *Inbox When Ready*

5. ¿Qué preguntas sirven para detectar qué necesita el remitente de manera rápida?

    a. ¿Quién es el remitente?, ¿qué quiere de mí? y ¿cómo puedo gestionarlo rápido?

    b. ¿Es urgente?, ¿quién es el remitente? y ¿cómo puedo gestionarlo rápido?

    c. ¿Qué significa este mensaje?, ¿qué acción requiere este mensaje? y ¿cuál es la manera más rápida de cerrar el asunto de este mensaje?

    d. ¿Qué significa este mensaje?, ¿quién es el remitente? y ¿cuál es la manera más rápida de cerrar el asunto de este mensaje?

6. Las reglas que regulan la convivencia y comunicación en internet se llaman:

    a. Neticota

    b. Netiqueta

    c. In terrules

    d. Ruletiquete

7. Indica si la siguiente afirmación es verdadera o falsa: "Un correo electrónico en el que se cometan faltas de ortografía puede generar confianza en el interlocutor".

    ■ Verdadero

    ■ Falso

8. Los correos electrónicos necesitan...

    a. ... una escritura formal.

    b. ... una escritura sencilla.

    c. ... una escritura rápida y concisa.

    d. ... una escritura formal y profesional.

9. ¿Cuál de las siguientes opciones no es un consejo para la redacción de mensajes?

    a. Darle importancia al título.

    b. Tener en cuenta el destinatario.

    c. Siempre incluir despedida.
    d. Saludo temporal.

10. Relaciona cada consejo de redacción con su definición:

    a. Hay que ser conciso y sencillo.
    b. Cuidar la ortografía.
    c. No utilizar mayúsculas.
    d. Saludo atemporal.
    e. Darle importancia al título.

    __ Es necesario, ya que no se sabe en qué momento del día va a leer el correo el destinatario.
    __ Son sinónimo de gritos, por lo que es mejor evitarlas si no se quiere ofender al destinatario.
    __ Revisar la redacción antes de enviar el correo, para no cometer errores y no ofrecer una mala imagen.
    __ Hay que presentar de forma clara la información, intentando siempre que el cuerpo del mensaje no supere los tres párrafos.
    __ En él se debe simplificar de manera clara y concisa el objetivo del correo.

Otras aplicaciones de *Google* para gestionar las comunicaciones

Contenido

Objetivos

El objetivo general de esta Unidad de Aprendizaje es:

→ Conocer las aplicaciones de *Google* para la gestión de comunicaciones.

Los objetivos específicos de esta Unidad de Aprendizaje son:

→ Descubrir las opciones de *Google Calendar.*

→ Resumir las funcionalidades de *Google Docs.*

→ Sintetizar las posibilidades de comunicación en grupo de *Google Groups.*

→ Detallar las funcionalidades de *Google Chat.*

1. Introducción

Google ofrece una amplia variedad de **aplicaciones para la gestión de las comunicaciones.** Así, cuenta con un gran abanico de opciones para quienes deseen comunicarse, compartir información con grupos u otros usuarios e incluso gestionar sus documentos.

De este modo, se puede hablar de **Google Calendar,** una herramienta para gestionar la rutina diaria y no dejar pasar por alto ninguna tarea. También es interesante mencionar **Google Documentos,** una aplicación de *Google* para editar textos y poder crear así documentos desde cualquier dispositivo y lugar.

Para comunicarse con otros usuarios, son interesantes también **Google Groups** y **Google Chat.** La primera permite crear foros y temas de debate para compartir opiniones, eventos y organizar acciones con otros usuarios. La segunda, por su parte, permite chatear con usuarios concretos.

Para el desarrollo del contenido, nos centraremos en el caso de Brave Communication, una agencia de comunicación que ha decidido mejorar las comunicaciones internas, así como las que mantiene con sus clientes. Para cerrar el curso de formación, se les enseñan otras aplicaciones de *Google* que les pueden ser útiles para su día a día en el trabajo.

2. *Google Calendar*

 HILO CONDUCTOR

La primera herramienta que les enseñan a los trabajadores de Brave Communication es *Google Calendar,* la cual les servirá para gestionar su agenda y poder organizarse mejor en su rutina laboral.

Google Calendar es una de las aplicaciones más conocidas de *Google,* especialmente en el ámbito de la organización. Esta aplicación es, ni más ni menos, el calendario que ofrece *Google* a sus usuarios, en el cual se puede organizar el día, la semana o el mes añadiendo diferentes eventos.

 **RECUERDA**

Google Calendar se puede compartir con otros usuarios para que el resto también pueda ver cuál es la organización marcada en él.

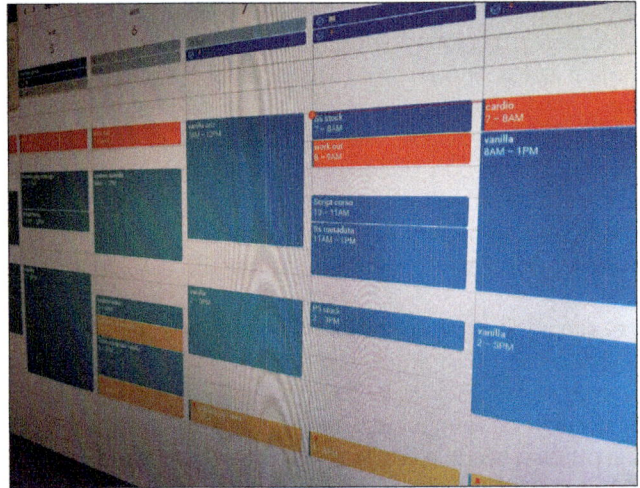

Google Calendar fue lanzada en el año 2013 y desde entonces son miles los usuarios que la utilizan, tanto desde el ordenador como desde sus dispositivos móviles. (© Fotografía: gioele piccinini / Shutterstock.com)

 **VÍDEO**

En el siguiente vídeo puedes ver cuál es el aspecto de *Google Calendar* y cómo funciona en dispositivos móviles:

https://redirectoronline.com/ifcm007po1102

De esta forma, esta aplicación es muy interesante tanto a nivel personal como profesional porque permite:

Añadir al calendario los eventos de *Gmail*	**Ofrece todo lo que se necesita**	**Crea una copia de seguridad**
- Cuando se recibe un correo nuevo sobre un evento, este se añade automáticamente al calendario. Por ejemplo, un vuelo, una reserva...	- Diferentes vistas del día, de la semana, del mes, invitaciones y otros calendarios en la web.	- Los eventos y los contactos se guardan siempre en la web, pues se crea una copia de seguridad automática.

Google Calendar tiene una serie de **ventajas** que deben valorarse para incorporarlo a la rutina diaria:

- ➲ **Siempre está sincronizado:** cualquier evento, reserva o demás información está sincronizada automáticamente en todo momento y en cualquier dispositivo.
- ➲ **Generación de tareas:** se pueden crear tareas como un listado de cosas pendientes para cada día, para poder organizar la rutina mucho mejor.
- ➲ **Distintos calendarios en uno:** es posible crear distintos calendarios con distintos roles para organizar así los diferentes aspectos de la vida. Por ejemplo, un calendario de trabajo y otro de familia.
- ➲ **Colorimetría:** *Google Calendar* permite marcar las tareas y eventos con diferentes colores, para que la organización sea visualmente más sencilla.
- ➲ **Integración de Mapas:** *Google Calendar* tiene Mapas integrado. Así, al agregar una dirección se genera automáticamente el mapa en el evento.
- ➲ **Documentos adjuntos:** también es posible adjuntar documentos que estén guardados en la nube.
- ➲ **Integración multiplataforma:** es posible gestionarlo desde cualquier dispositivo, por lo que se puede compartir con diferentes usuarios.

 PARA SABER MÁS

Puedes conocer más trucos y funcionalidades de *Google Calendar* para sacarle el máximo partido en el siguiente enlace:

Continúa en página siguiente >>

<< Viene de página anterior

https://redirectoronline.com/ifcm007po1103

- -

 **APLICACIÓN PRÁCTICA**

Jesús quiere empezar a utilizar *Google Calendar*, pero necesita contar con dos calendarios, para organizar las tareas de su familia (como llevar a sus hijos al médico o a actividades extraescolares) y las de su trabajo. Eso sí, no quiere tenerlo todo en un mismo calendario, sino que quiere separarlos. Para ello, Jesús necesita crear dos cuentas de *Gmail* distintas, una para cada calendario. ¿Es eso correcto?

Solución

Se pueden crear distintos calendarios con distintos roles para organizar así los diferentes aspectos de la vida, usando para ello la misma cuenta de *Gmail*. Por ejemplo, como es el caso de Jesús, un calendario de trabajo y otro de familia.

- -

2.1. Agenda compartida para grupos

La agenda creada en *Google Calendar* puede **compartirse con diferentes grupos** y lo cierto es que hacerlo es muy sencillo. Para ello, hay que acceder a la página principal de *Google* y, con la sesión iniciada, hacer clic en el icono de los cuadrados que aparece arriba a la derecha. A continuación, se debe hacer clic en **Calendar** y se abrirá el calendario automáticamente.

Este es el icono de Google Calendar. (© Fotografía: Ascannio / Shutterstock com)

En la pantalla principal de *Google Calendar* aparece a la izquierda el listado de **Mis calendarios.** Ahí se pueden ver todos los calendarios que están visibles, como los festivos o las tareas.

Así, al desplegarlo, se puede elegir el calendario que se quiere compartir con otros usuarios. Para ello, se debe pasar el cursor por encima del calendario deseado, de modo que aparecerán tres puntos a la derecha.

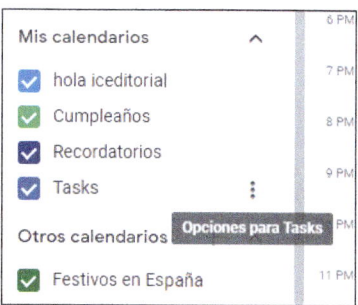

Así se ven resumidos todos los calendarios.

Al hacer clic en los tres puntos, aparecerá un desplegable y habrá que hacer clic en **Configurar y compartir.** Aquí, se abrirá una ventana en la que aparecerán diferentes opciones de configuración.

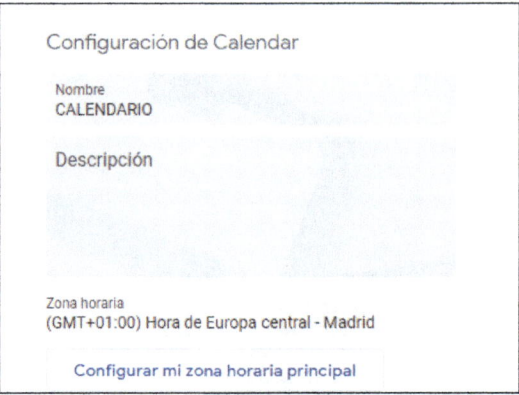

Además, si se sigue bajando, aparecerá la opción de **Compartir con determinadas personas.** En este espacio se deberá poner el correo electrónico de las personas con las que se quiere compartir el calendario.

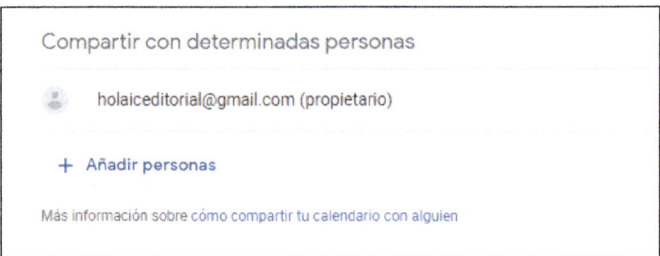

3. *Google Docs*

👉 HILO CONDUCTOR

A los trabajadores de esta agencia de comunicación también les hablan de las posibilidades de *Google Docs* y cómo pueden incorporar esta aplicación en sus trabajos en equipo cuando necesiten modificar un archivo varios usuarios.

- -

Google Docs o *Documentos de Google* es una **herramienta de edición de textos** que permite colaborar con varias personas en documentos o escribirlos y modificarlos se esté donde se esté, ya que trabaja en la nube.

IMPORTANTE

Google Docs es una aplicación gratuita de *Google*, a la cual se puede acceder simplemente creando una cuenta.

- -

De este modo, permite darle vida a los diferentes archivos y documentos con todas las funcionalidades que ofrece, pudiendo añadir imágenes y dar formato a textos y párrafos. Se pueden crear aquí infinidad de textos.

NOTA

Permite crear documentos, abrirlos y modificarlos desde cualquier lugar. Así, permite igualmente trabajar en equipo, pues varios usuarios pueden conectarse y modificar el archivo a la vez.

- -

Las principales **características** de *Google Docs* son las siguientes:

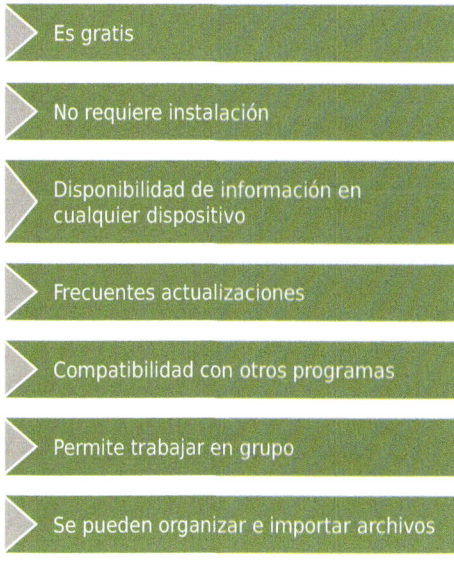

4. Compartir con grupos

☞ HILO CONDUCTOR

Una herramienta que no conocían y que puede serles útil a los compañeros de Brave Communication es *Google Groups*, para crear grupos de trabajo en los que puedan debatir ellos o para ponerse en contacto con otros usuarios.

- -

Google también ofrece una aplicación menos conocida pero igual de interesante que el resto, especialmente si se quiere trabajar en grupos. Esta aplicación es *Google Grupos,* una plataforma que sirve para **crear foros de debate con grupos.** Es decir, permite usar grupos *online* o grupos basados en correo electrónico para:

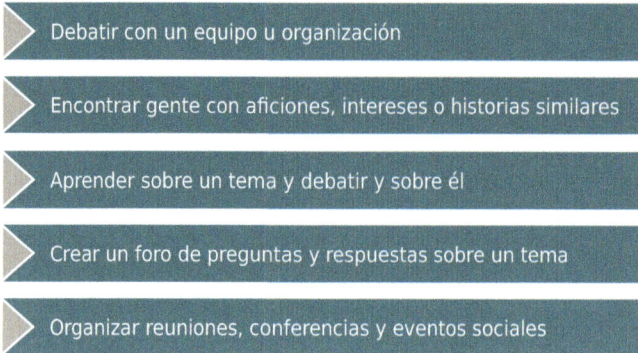

> Debatir con un equipo u organización

> Encontrar gente con aficiones, intereses o historias similares

> Aprender sobre un tema y debatir y sobre él

> Crear un foro de preguntas y respuestas sobre un tema

> Organizar reuniones, conferencias y eventos sociales

👁 EJEMPLO

María es una mujer a la que le han detectado recientemente intolerancia a la lactosa. Dado que en su grupo cercano de amigos no conoce a nadie en una situación similar, ha decidido crear un grupo para compartir recetas e ideas de consumo de alimentos sin lactosa.

- -

4.1. *Google Groups* para gestionar tareas compartidas en grupo y asociar documentos de *Google Docs*

Una de las funcionalidades de *Google Groups* es la de **compartir contenido con varias personas,** más allá de lo que se escribe en los diversos foros y temas de debate. Así, compartir estos archivos es posible gracias a la plataforma de *Google Drive.*

Por ejemplo, es posible compartir un archivo de *Google Docs* con grupos de la siguiente manera:

- ➲ Elegir el documento que se quiere compartir y abrirlo.
- ➲ Hacer clic en **Compartir.**
- ➲ Introducir la dirección del grupo en el campo **Invitar personas.**
- ➲ Seleccionar el nivel de acceso que se le quiere dar al grupo (editar, comentar o ver).
- ➲ Hacer clic en **Listo.**

 **NOTA**

Si a las personas del grupo se les ha dado permiso para editar el archivo, se podrán gestionar así tareas en equipo.

- -

 ACTIVIDAD COMPLEMENTARIA

12. Necesitas crear un grupo en *Google Groups* para debatir u organizar cualquier plan o evento. ¿De qué te gustaría crearlo? ¿Por qué crees que *Google Groups* es adecuado para ello?

- -

5. *Google Hangouts:* correo electrónico para compartir fotos o realizar un chat de vídeo. *Google Meet:* videollamadas y chats de vídeo

☞ HILO CONDUCTOR

Por último, los formadores les hablan de *Google Meet,* una herramienta que ya habían conocido en el inicio del curso de formación, pero sobre la cual es importante profundizar. ¿Cómo puede servirles en su día a día en la agencia?

- -

En noviembre de 2022, *Google Hangouts* dejó de funcionar dando paso *Google Meet* y *Chat.*

Google Meet es la herramienta que, como se ha comentado anteriormente, permite realizar videollamadas y reuniones en grupo, estando especialmente pensada para el uso empresarial.

Así, esta herramienta de *Google* permite:

➲ Crear y agendar reuniones desde la propia herramienta (tanto a través de la aplicación como a través de la página web).
➲ Crear y agendar reuniones desde *Gmail.*
➲ Crear y agendar reuniones desde *Google Calendar.*

NOTA

A la hora de crear reuniones en *Google Meet,* es posible crear reuniones instantáneas o agendarlas para más tarde, incluso invitando a los usuarios deseados a la misma.

- -

Además, *Google Meet* ofrece las siguientes funciones extra:

➲ **Chat en vivo:** para que los usuarios puedan hablar durante la reunión a través del texto y compartir contenido si es necesario.

⊃ **Subtítulos en tiempo real:** es posible generar subtítulos en tiempo real mientras se está desarrollando la reunión. Esta opción se puede habilitar en todo momento pulsando sobre "CC".

⊃ **Compartir pantalla:** los usuarios pueden compartir su pantalla para que el resto pueda ver sus presentaciones, escritorio, documentos, etc.

 TAREA 11

Candela es la encargada del Departamento de *Marketing* de una franquicia de tienda deportiva que tiene su sede en Madrid. Próximamente, va a ser la inauguración de una nueva tienda en un centro comercial de Mallorca. En cada inauguración, Candela crea un evento en el que se incluyen bailarines, DJ y diferentes premios. Para ello, necesita contactar con todo aquel que va a participar, desde fotógrafos a los bailarines, entre otros. Para estos casos, ella también se desplaza al lugar de la inauguración para corroborar que todo funciona según lo previsto.

Explica qué utilidad puede dar a Candela cada una de estas aplicaciones de *Google* para gestionar la próxima inauguración que debe preparar. ¿Para qué le servirá el calendario? ¿Y los grupos? ¿Y la gestión de documentos y los chats?

6. Resumen

Google ofrece a los usuarios diversas aplicaciones muy útiles e interesantes para gestionar sus comunicaciones y su rutina diaria.

⊃ *Google Calendar*
⊃ *Google Docs*
⊃ *Google Groups*
⊃ *Google Meet*

Así, cada una de ellas ofrece soluciones distintas a las necesidades que pueden tener los usuarios.

| **Google Calendar** | - Gestión de la agenda y del calendario diario |

Continúa en página siguiente >>

<< Viene de página anterior

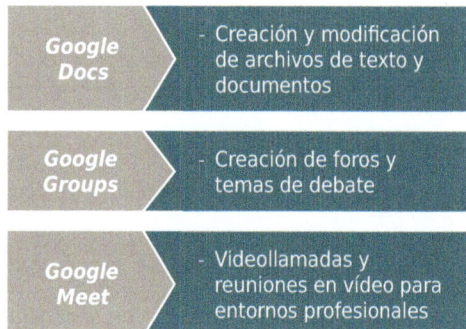

Ejercicios de autoevaluación
Unidad de Aprendizaje 11

1. *Google Calenda*r se lanzó en el año…

    a. … 2010.
    b. … 2001.
    c. … 1999.
    d. … 2013.

2. Indica si la siguiente afirmación es verdadera o falsa: *"Google Calen-dar* se puede utilizar también en dispositivos móviles".

    ■ Verdadero
    ■ Falso

3. *Google Calendar* permite…

    a. … añadir al calendario los eventos de *Gmail.*
    b. … diferentes vistas.
    c. … crear una copia de seguridad.
    d. Todas las opciones son correctas.

4. *Google Docs* es una aplicación…

    a. … gratuita.
    b. … de pago.
    c. … integrada en *Google Workspace.*
    d. … integrada en *Calendar.*

5. Indica si la siguiente afirmación es verdadera o falsa: *"Google Docs* no permite organizar e importar archivos".

    ■ Verdadero
    ■ Falso

6. Ordena de manera cronológica los pasos que hay que seguir para compartir un documento en *Google Groups.*

- Seleccionar el nivel de acceso que se le quiere dar al grupo (editar, comentar o ver).
- Hacer clic en "Listo".
- Elegir el documento que se quiere compartir y abrirlo.
- Hacer clic en "Compartir".
- Introducir la dirección del grupo en el campo "Invitar personas".

7. Señala cuál de las siguientes afirmaciones sobre *Google Groups* es incorrecta:

a. Se pueden gestionar tareas en equipo en *Google Docs* si a las personas del grupo se les ha dado permiso para editar el archivo.

b. Permite crear grupos basados en correo electrónico para encontrar gente con aficiones similares.

c. Se puede utilizar para debatir con un equipo u organización.

d. Permite enviar SMS.

8. *Google Groups* sirve para...

a. ... aprender sobre un tema y debatir sobre él.

b. ... hacer videollamadas en grupo.

c. ... crear una página web en grupo.

d. ... enviar un SMS masivo.

9. Para acceder a *Google Docs* se necesita...

a. ... crear una cuenta en *Google Workspace.*

b. ... crear una cuenta en *Drive.*

c. ... crear una cuenta en *Outlook.*

d. ... crear una cuenta en *Google.*

10. Para compartir un calendario de *Google Calendar* hay que hacer clic en:

a. Configurar y crear.

b. Configurar y compartir.

c. Compartir y seleccionar.
d. Configurar y grupos.

Glosario

Archivar un correo electrónico
Consiste en trasladar el correo electrónico a otra carpeta, por lo que no estará visible en la bandeja de entrada, pero sí en la carpeta de "Todos". Sirve para guardar correos electrónicos que quieren conservarse sin llegar a ser eliminados.

Chrome
Chrome es el navegador oficial de *Google,* el cual permite navegar por internet.

Documentos de *Google*
Es una herramienta de edición de textos que permite colaborar con varias personas en documentos o escribirlos y modificarlos se esté donde se esté, ya que trabaja en la nube.

Envío masivo
El envío masivo de correos hace referencia a enviar el mismo correo electrónico a un gran número de personas. Normalmente, se utiliza como estrategia de *marketing* con las conocidas *newsletter.*

Extensión de *Chrome*
Un fichero que se puede instalar para añadirle una funcionalidad extra a una aplicación.

Gmail
Servicio gratuito de correo electrónico de *Google.*

Google Calendar
El calendario que ofrece *Google* a sus usuarios, en el cual se puede organizar el día, la semana o el mes añadiendo diferentes eventos.

Google Grupos
Plataforma que sirve para crear foros de debate con grupos.

HTML
Lenguaje que sirve para la creación de páginas web.

HTTP
Protocolo de comunicación que se utiliza en las páginas web.

Messages
Aplicación de mensajería (SMS) que ha desarrollado *Google* para permitir a los usuarios estar en contacto con las personas que deseen.

Netiqueta
10 reglas de redacción y convivencia en internet.

Newsletter
Boletín informativo que se envía de manera regular empleando el correo electrónico. Es una herramienta de *marketing online* muy empleada por las empresas.

Phishing
Ataque informático que consiste en la suplantación de identidad.

Protocolo de comunicación
Sistema de reglas que permite la comunicación entre sistemas.

Spam
Se entiende por *spam* aquellos correos electrónicos que se envían de manera masiva sin haber sido solicitados por el usuario. Normalmente, tienen fines publicitarios o comerciales.

URL
La dirección de una página web.

Bibliografía

Textos electrónicos, bases de datos y programas informáticos

→ Antevenio: *Enviar correos masivos con Gmail.* Disponible en web: <https://www.antevenio.com/blog/2017/07/enviar-correos-masivos-con-gmail/>.

> Artículo muy interesante en el que se explica cómo se pueden enviar correos masivos desde la plataforma de correo electrónico *Gmail.*

→ BAHILLO, L.: *Historia de Internet: cómo nació y cuál fue su evolución.* Disponible en web: <https://marketing4ecommerce.net/historia-de-internet/>.

> Artículo muy interesante en el que se ofrece un repaso de toda la historia de internet, haciendo hincapié en su evolución y en las diferencias de cada etapa.

→ Cepyme News: *Sácale partido a las nuevas herramientas de Gmail.* Disponible en web: <https://cepymenews.es/nuevas-herramientas-gmail/>.

> Interesante artículo en el que se recogen una serie de consejos para aprovechar al máximo las nuevas funcionalidades de *Gmail.*

→ CHRISTIAN: *La historia de Google.* Disponible en web: <https://platzi.com/blog/historia-de-google/>.

> Artículo en el que se desarrolla la historia de *Google* y las diferentes etapas por las que este navegador web pasó.

→ DÍAZ, C.: *12 consejos para gestionar Gmail como un profesional.* Disponible en web: <https://www.muycomputerpro.com/universo-lenovo/12-consejos-gestionar-gmail-profesional/>.

> Completo artículo en el que se recogen unos consejos muy interesantes para aprender a gestionar *Gmail* como un profesional.

→ DOMINGO, R.: *Técnicas para ser más productivo con el email del trabajo.* Disponible en web:
<https://www.zaplo.es/blog/productivo-email-del-trabajo/>.

Artículo muy completo en el que se detallan algunas ideas para ser más productivo a la hora de consultar el correo electrónico del trabajo.

→ EuropaPress: *Cómo configurar Gmail para darle un uso más enfocado al ámbito profesional.* Disponible en web:
<https://www.europapress.es/portaltic/internet/noticia-configurar-gmail-darle-uso-mas-enfocado-ambito-profesional-20170926085942.html>.

Interesante artículo en el que se ofrecen consejos y recomendaciones para utilizar *Gmail* en el ámbito profesional.

→ GALEANO, S.: *El número de usuarios de Internet en el mundo crece un 9,1 % y alcanza los 4.388 millones (2019).* Disponible en web:
<https://marketing4ecommerce.net/usuarios-internet-mundo>.

Interesante y actual artículo sobre el número de usuarios que utilizan internet en el año 2019 y cuál es su comportamiento en la red.

→ Google: *Archivar o silenciar mensajes de Gmail.* Disponible en web:
<https://support.google.com/mail/answer/6576?co=GENIE.Platform%3DDesktop&hl=es>.

Sección de ayuda de la página oficial de *Google* en la que se explica cómo archivar o silenciar mensajes de correo electrónico.

→ Google: *Ayuda de Google Meet. Google.* Disponible en:
<https://support.google.com/meet/?hl=es#topic=14074839 >.

Página de ayuda elaborada por *Google*, en la cual se especifican diferentes temas relacionados con el uso y las funcionalidades de *Google Meet.*

→ Google: *Descubre la familia de productos hechos por Google.* Disponible en web: <https://about.google/intl/ALL_es/products/>.

Sección de la página web oficial de *Google* en la que se recogen todos los productos que ofrecen.

→ Google: *Documentos de Google.* Disponible en web: <https://www.google.com/docs/about/?utm_source=gaboutpage&utm_medium=docslink&utm_campaign=gabout>.

Sección de la página oficial de *Google* en la que se explica al detalle la aplicación de *Documentos* de *Google.*

→ Google: *Empezar a utilizar Gmail. ¿Qué puedes hacer con Gmail?* [Disponible en web: <https://support.google.com/a/users/answer/9297685?hl=es>.

Sección del soporte de ayuda de *Google* orientado a explicar cómo empezar a utilizar *Gmail.*

→ Google: *Empezar a utilizar Google Chat.* Disponible en web: <https://support.google.com/chat/answer/7653601?hl=es&co=GENIE.Platform=Desktop&visit_id=638416304253510654-289279902&rd=3>.

> Página de ayuda de la plataforma de *Google* en la cual se describen las funcionalidades de *Google Chat* y sus posibilidades.

→ Google: *Gmail.* Disponible en web: <https://www.google.com/gmail/about/>.

> Sección de la página web oficial de *Google* dedicada a explicar las funcionalidades de su plataforma de correo electrónico *Gmail.*

→ Google: *Google Calendar.* Disponible en web: <https://www.google.com/calendar/about/>.

> Sección de la página oficial de *Google* en la que se detallan las funcionalidades de *Google Calendar.*

→ Google: *Grupos de Google.* Disponible en web: <https://groups.google.com/forum/#!overview>.

> Sección de la página oficial de *Google* en la que se detalla el funcionamiento de los grupos de *Google.*

→ Google: *Messages.* Disponible en web: <https://messages.google.com/>.

> Sección de la página web oficial de *Google* en la que se recoge la información relativa a la aplicación de *Messages.*

→ Google: *Personalizar la configuración de filtros de spam.* Disponible en web: <https://support.google.com/a/answer/2368132?hl=es>.

> Sección del soporte de ayuda de Google en el que se explica cómo configurar los filtros en una cuenta de *Gmail.*

→ Google: *Responder a mensajes de Gmail.* Disponible en web: <https://support.google.com/mail/answer/6585?co=GENIE.Platform%3DDesktop&hl=es>.

> Sección de ayuda de la página oficial de *Google* en la que se explican las diferentes opciones para responder a correos electrónicos en *Gmail.*

→ Interbel: *10 tips para enviar correo electrónico de trabajo adecuado.* Disponible en web: <https://www.interbel.es/tips-correo-electronico-adecuado/>.

> Completo artículo en el que se recogen consejos para la redacción adecuada de correos electrónicos.

→ JIMÉNEZ, J.: *Cómo crear un filtro de Spam en Gmail para aumentar la protección.* Disponible en web: <https://www.redeszone.net/2018/06/17/crear-filtro-spam-gmail/>.

> Completo artículo en el que se detalla cómo crear y configurar un filtro para evitar el *spam* en una cuenta de *Gmail.*

→ KZGUNEA: *Gmail. Mucho más que un correo electrónico.* Disponible en web: <http://e-forma.kzgunea.eus/mod/book/view.php?id=10866>.

> Interesante y completo artículo en el que se desarrolla cómo trabajar con *Gmail* paso por paso.

→ MACEDO, D.: *Cómo mantener tu productividad a la hora de revisar mails con pasos simples.* Disponible en web: <https://www.workana.com/blog/emprendimiento/como-mantener-tu-productividad-al-revisar-mails/>.

> Interesante artículo en el que se recogen algunos consejos para mejorar la productividad a la hora de revisar el correo electrónico.

→ URIARTE, J. M.: *10 características de Google Docs.* Disponible en web: <https://www.caracteristicas.co/google-docs/>.

> Interesante artículo en el que se especifican las características más destacables de la aplicación *Google Docs*.

→ VALENCIA, C.: *Historia de Internet.* Disponible en web: <https://www.mastermarketing-valencia.com/marketing-digital/blog/internet-historia-evolucion/>.

> Completo artículo en el que se recoge toda la historia de internet.

→ YÚBAL: *Cómo ver y administrar todos tus contactos de Google desde cualquier dispositivo y navegador.* Disponible en web: <https://www.xataka.com/basics/como-ver-y-administrar-todos-tus-contactos-de-google-desde-cualquier-dispositivo-y-navegador>.

> Artículo en el que se detalla cómo administrar los contactos en la agenda digital de *Google Contactos*.